하나님의 선교는 아브라함에게 약속하신 복이 열방으로 확장되고 그 복을 누리는 것이다. 이 책은 저자가 지난 30년 동안 치과 의료 선교사로 가족과 함께 숱한 장애물을 극복하는 과정에서 깨닫고 실천한 '선교의 일상화, 일상의 선교화'를 통해, 단지 신자가 아닌 예수님의 '제자'를 세우기 위해 자신이 먼저 예수님을 닮아가는 제자의 삶을 살아낸 소중한 기록이다. 이 시대의 교회와 교인들에게 깊은 울림을 주는 이 책을 통해, 참된 그리스도의 제자답게 사는 삶을 소망하며 제자양육의 선교 목표를 가진 모든 이들이 자신의 삶과 신앙을 돌아보고 다시 한번 새롭게 헌신하게 되길 바란다.

김명진 (사)한국기독교의료선교협회 회장

캐나다 원주민 마을 키트왕가에서 12년째 비즈니스를 해오고 있다. 미국에서 18년간 컴퓨터 소프트웨어 회사를 운영하다가 대기업에 인도하고, 하나님의 부르심으로 50대 중반에 이곳으로 왔다. 이곳에는 나 같은 평신도가 할 일이 너무나 많다. 이 책을 읽으면서 나와 같은 신앙의 동지가 있다는 것에 감사했다. 진정성 결핍이 선교의 장애물이라는 데 공감한다. 선교란 일상을 통해, 때로는 우리의 약함을 통해 이루어진다는 것 또한 공감한다. 기독교에 대한 부정적 인식을 감소시키는 것 자체가 선교의 시작점이고, 이 일은 전문인이 할 수 있는, 아니 해야 하는 일이라는 사실을 절감한다. 이 책이 평신도는 물론 신학을 전공한 선교사를 포함해, 사역자들이 선교를 새로운 관점으로 인식하는 기회가 되길 바란다. 그래서 우리처럼 일상이 선교임을 고백하는 사람들이 더 많이 나오길 희망한다.

김진수 비즈니스 선교 기업 긱섬(GITXM) 대표, 『선한 영향력』 저자이 책에서 우리는 평범하고 반복되는 일상 가운데서 참 제자로 살아가려는 전문 직업인 저자의 진솔한 갈등과 고민을 마주한다. 이 씨름을 통해 얻은 선교에 대한 통찰과 이해는 나를 비롯해 삶의 현장에서 부르심을 따라 살고자 하는 모든 전문 직업인에게 참된 제자도에 대한 새로운 도전과 보다 넓은 시각을 제공해준다.

박원규 로스앤젤레스 벧엘안과 의사

젊은이의 탈교회 현상, 한국 교회의 양적 성장 둔화, 성도의 고령화, 선교 지망생의 급감 등은 분명 한국 교회가 직면한 심각한 도전이다. 이런 상황에 매우 시기 적절한 책이 출간되었다. 치과의사로 30년 가까이 무슬림권에서 전문인 선교사로 살아온 저자는, 이 책에서 전문인 선교에서 피할 수 없는 중요하고 민감한 이슈를 현장 경험과 선교학이라는 렌즈를 통해 공론화한다. 합법적인 체류 비자를 가지고 직장, 학교, 사업 현장 등 현지인의 일상생활에서 그들과 밀접한 접촉을 지속하고 복음을 삶으로 보여주며 전하는 전문인 선교사들을 부르시는 하늘 아버지의 마음을 이 책에서 읽을 수 있다. 지금까지 진행된 목사 중심의 선교에서 평신도 전문인 선교로의 전환점에 직면한 한국 교회가 통합적이고 미래 지향적인 새 시대 선교의 돌파구를 찾게 되길 소망한다. 저자는 그 돌파구가 전문인 선교라는 강력한 확신을 겸손하고 낮은 목소리로 우리에게 들려준다.

임태호 선교사, SEED선교회 미주 대표

선교는 단순히 종교 세력을 확장하는 일이 아니라 그리스도의 제자가 다른 사람들을 제자 삼으라는 위임령이다. 그것은 신앙 공동체의 일상에서 일어나는 보편적 과업이지 일부 사제 집단에게 위임된 특수 과업이 아니다. 로잔위원회가 온 세상(whole world)에 온전한 복음(whole gospel)을 전하는 통전적 선교의 책임이 온 교회(whole church)에 있음을 천명하는 이유다. 그 구체적 사례를 담아낸 양질의 책이 나왔다. 선교사라는 직책의 특수성이 아닌, 제자도의 일상성에 초점을 맞춘 이 책을 그리스도의 모든 제자들에게 적극 추천한다.

정민영 선교 컨설턴트, 전 국제위클리프 부대표

선교만큼 많이 들어보았으나 제대로 알려지지 않은 주제가 또 있을까? 각자의 이해대로 선교에 열광하기도, 두려워하기도, 싫어하기도 한다. 선교에 대한 균형 있고 깊은 이해를 쉽게 전달할 수 있는 책은 어디에 있을까? 평신도든 선교사든 목회자든 함께 읽고 새로운 성장점을 얻을 수 있는 책이 가능할까? 여기에 그런 책이 있다. 중앙아시아에서 30여 년의 여정을 지나오며 저자가 발견한 선교는 먼 곳이 아닌 우리의 일상에 있었다. 그 중심에는 예수 그리스도를 따라가는 제자됨이 있다. 직접 겪은 일상의 이야기로 독자를 선교의 세계로 쉽게 이끌어준다. 또한 성육신, 상황화, 관계 전도, 약함을 통한 증거, 사회 변혁, 비즈니스 선교 등 현대 선교의 다양한 주제를 더 깊이 생각해보도록 돕는다. 그 독서의 끝에는 실패와 노곤함 가운데 새로운 삶의 길을 고민하며 엠마오로 가는 두 제자, 그리고 그들과 함께하신 예수님이 서 계신다. 현실 속에서 그리스도인으로 살아가는 것의 의미를 찾는 모든 이들에게 이 책을 권한다. 엠마오로 가는 두 제자와 동행하셨던 예수님이 어떻게 당신의 눈을 열어 마음을 뜨겁게 하실지 기대되지 않는가?

조샘 인터서브 대표, Business As Mission 운동가

'일상'이란 말이 널리 공감받는 시기에 '일상 속 제자도'를 이야기하는 친근한, 그러면서도 특별한 책이다. 익숙하고도 치열한 삶의 영역과 '제자도'라는 부르심 내지 구별된 삶의 헌신이 같이 놓여 있다. 한 주제를 가지고 한 장소에 오랜 시간 머문 저자의 진솔한 고백이다. 그렇게 정주하여 이룬 삶의 열매를 열정으로, 고독한 눈물로, 신학적 정리로, 그리고 신선한 도전으로 만나볼 수 있다. 저자는 20대에 선교단체에서 처음 만난 이후로 마음으로 따르며 지켜봐온 나의 신앙 동료다. 선교지에서 강도에게 뒤통수를 맞고 쓰러진 아픔에서 제18회 언더우드 선교상을 수상하는 자랑스러움까지, 한 길을 걸어 진실한 흔적을 남긴 저자의 이야기를 깊은 감사와 함께 추천한다.

홍기영 창조교회 담임목사, 전 레노바레코리아 총무

삶으로 쓰는 선교학

삶으로 쓰는
선교학

치과 의료 선교사의 일상 속 제자 이야기

문누가 지음

삶으로 쓰는 선교학

초판 1쇄 발행	2023년 6월 26일
초판 2쇄 발행	2023년 11월 6일

지은이	문누가
펴낸이	김정미
펴낸곳	앵커출판&미디어
출판등록	106-90-75402
주소	서울시 강북구 수유동 469-171
대표 전화	010-8573-0801
이메일	anchorpnm@gmail.com

ISBN 979-11-86606-28-5 03230

ⓒ 2023 문누가

이 책의 저작권은 저자 및 저자와 독점계약한 앵커출판&미디어에 있습니다.
신저작권법에 의해 한국 내에서 보호받는 저작물이므로 무단 전재와 무단 복제를 금합니다.

매일의 생활에서 참 제자된 삶을 보여주시고
주님을 진심으로 사랑하는 많은 제자를 일으키신
아버지 문병현 장로님과 어머니 김요경 권사님
영전에 이 책을 드립니다.

차례

들어가는 글   **12**

1부 · 일상에서 제자 되기

1. 치과의사냐, 목회자냐 **19**
   누가 진정한 사역자인가?

2. 헌신하면 부모는 누가 책임질까? **29**
   고르반으로 충분한가?

3. 아이들은 무슨 죄가 있어서 **41**
   참된 자녀교육의 목표는?

4. 위장 취업자인가? **57**
   일반 직업도 사역이 될 수 있을까?

5. 하나님은 슈퍼맨만 사용하실까? **67**
   연약함의 선교 – 아래로부터의 선교

6. 나를 부르신 진짜 이유 **83**
   근원적 부르심(소명)

7. 이곳이 내가 있어야 하는 자리일까? **95**
   사역이 이루어지는 자리

2부 · 일상에서 제자 삼기

1. 보이지 않는 사역의 열매 ········· **109**
   선교의 가시권을 넓혀주는 엥겔 지표

2. 관계로 제자 삼기, 성공일까 실패일까? ········· **121**
   소망을 주는 시각

3. 불신자도 제자로 삼을 수 있을까? ········· **133**
   지상명령의 재해석

4. 개인 구원만 지상명령의 목표인가? ········· **149**
   지상명령의 사회적 차원

5. 왜 부자를 위한 병원을 하냐고? ········· **163**
   변화하는 세상, 변화하는 선교 전략

6. 왜 우리 교회 청년은 직장에 적응을 못할까? ········· **181**
   전문 분야에서 이상적인 제자상

7. 왜 선교지에선 제자훈련이 잘 안 될까? ········· **193**
   형식과 의미

나오는 글: 엠마오로 가는 길 **213**

들어가는 글

제자도^{discipleship}, 다시 말해 제자의 삶이란 무엇일까? 직장인이나 주부, 학생 신분인 보통의 그리스도인은 '제자도'라는 말 자체를 들어본 적이 없을지도 모른다. 아니면 특별한 소명을 받은 일부 그리스도인이나 목회자에게 해당하는 일로 여길 것이다. 그러나 주님을 구주로 고백하고 부르심에 응답하여 그분이 가신 길을 따르기로 결단한 사람이라면 누구나 주님의 제자이며 제자도, 즉 제자의 삶에 들어선 것이다. 여기에는 자신이 제자가 되는 것과 더불어 다른 사람을 제자로 삼는 두 가지 측면이 다 포함된다.

보통의 그리스도인은 하루의 대부분을 가정이나 학교, 직장 같은 사회에서 보낸다. 교회에서 보내는 시간은 주일 예배를 포함해 일주일에 한두 차례, 그것도 몇 시간을 넘기기 힘들다. 그런데도 헌신된 제자로 사는 것이 가능할까? 일상을 벗어나 따로 시간을 내어 교회나 소그룹 같은 특정한 공간에서 예배, 성경공부, 기도, 교제, 봉사하는 것만을 '영적인 일'로 본다면 사실상 불가능하다. 저마다에게 주어진 본업이 있기 때문이다. 교회에서는 열성적인 주님의 제자일지 몰라도 집으로, 학교로, 일터로 돌아가면, 다시 말해 일상으로 돌아가면 믿음 없는 여느 사람들 같은 모습으로 돌아갈 때가 많다. 한편, 일상의 본분을 뒤로하고 '영적인 일'에 전념하지 못할 경우에는 죄책감을 느끼기도 한다. 한마디로 제자도와 자신의 일상을 연결하는 데 혼동과 갈등을 겪는다.

예수님은 이 땅에서 사역하실 때 제자들을 불러 자신을 따르게 하시고 모든 민족을 제자로 삼으라는 지상명령을 주셨다. 그런데 그들을 부르신 곳을 보면 광야라든가 회당, 성전 같이 특별한 장소가 아니었다. 갈릴리 호숫가에서, 길에서 그들을 부르셨다. 제자들을 보내신 곳도 광야의 수도원이나 도시의 신학교가 아니라 사람들이 사는 마을이었다. 제자들은 예수님과 함께하자는 초대를 받았고 일상을 같이했다. 예수님과 함께 먹고 자고 대화하고 길을 걸었다. 그분 가까이서 말씀을 듣고 이적을 보고 위협을 느끼고 실패하고 회복했다. 예수님은 그들을 그분의 일상으로 초청하셨다. 그들은 예수님과 함께하는 일상에서 육신이 되신 하나님의 말씀을 보고 듣고 만지며 제자가 되어갈 수 있었다(요일 1:1).

우리 한국 교회는 주님의 지상명령을 진지하게 받아들이고 헌신하여 순종하도록 가르치는 귀한 전통이 있다. 그러나 많은 그리스도인이 대부분의 시간과 에너지를 사용하는 일상과 지상명령을 연결하는 데 어려움을 느낀다. 그 결과 삶 따로 신앙 따로인 이중성을 드러내며 그 가운데서 고민한다. 그렇게 된 여러 이유가 있겠지만, 무엇보다 그동안 우리 교회가 지상명령과 제자도를 포괄적으로 이해하지 못했기 때문일 것이다.

하나님은 눈물과 땀으로 범벅된 치열한 일상에서 제자가 되어 따르라고 우리를 부르신다. 나아가 그곳에서 만난 사람들을 제자로 삼으라고 우리를 부르신다. 직업인이자 그리스도인인 우리의 부르심은 일상, 즉 가정과 지역 공동체와 직업 현장에서 참 제자가 되어가는 일과 그곳에서 제자 삼는 일 둘 다를 포함한다. 이렇듯 제자도를 통합적인 시각으로 바라보고 이해한다면, 지상명령과 우리의 일상을 보다 조화롭게 융합할 수 있을 것이다.

40여 년 전, 나는 치과대학에 재학할 때 주님과 선교에 헌신했다. 이후로 제자이자 직업인으로 살아가기를 포기한 적이 없다. 한국에서는 치과병원을 운영하며 대학생 제자훈련을 했다. 선교지에서도 치과병원을 통해 주님의 지상명령에 순종하는 사역을 해오고 있다. 전문 직업인으로 선교의 길을 걸어오며 경험했던 일들, 사람들, 고민, 시행착오, 기쁨 등을 이 자리에서 나누고자 한다. 한 걸음 더 들어가 그런 일상을 감싸고 있는 선교 신학적 이슈에 대해서도 생각해보고자 한다. 우리의 일상은 이론대로 흘러가지는 않는다. 늘 불완전하며 어떤 신학 이론으로도 완전히 설명할 수 없다. 아무리 완벽한 선교 신학 이론이 있다고 해도, 그것이 한 개인의 구체적인 일상에서 적용하고 배운 것이 아니라면 현실과는 동떨어져 "소리 나는 구리와 울리는 꽹과리"^{고전 13:1}에 머물 수밖에 없다.

이 책의 열네 장에 풀어놓은 이야기는 내가 선교에 헌신하고 지난 30여 년간 겪은 지극히 개인적인 경험을 기반으로 한다. 살아온 이력이 다르니 쉽게 공감할 수 없는 부분도 있을지 모르겠다. 그럼에도 일상이라는 공통분모를 가진 한 사람의 제자로서 웃음과 고민, 눈물과 땀이 어린 경험을 되도록 투명하게 담아내고자 했다. 일상 속에서 제자로 사는 것의 의미를 돌아보고, 어떤 방향성을 가지고 일상에 임해야 하는지 함께 고민해보기 위해서다. 각자 처한 환경은 달라도 같은 여정에 오른 길동무로서 격려가 되길 바란다. 또한 반복되고 지루하고 때로는 무의미하게 여겨지는 평범한 일상에서 특별한 의미와 목적과 기쁨을 찾는 영적 여정으로 한 걸음 더 나아가는 데 소소한 마중물이 되길 소망한다.

1부 •

일상에서
제자 되기

1
치과의사냐, 목회자냐

'하나님이 주신 첫째 아이' 성일(聖一), 그것이 내 이름이다. 신앙심 깊은 부모님은 내가 태어났을 때, 출석 교회 목사님에게 이름을 지어달라고 부탁하셨다. 목사님은 잠시 생각하더니 이름을 그렇게 짓고는, 이후에 태어날 아이들의 이름도 차례대로 성이, 성삼, 성사…로 지으라고 하셨단다. 부모님은 내 밑으로 삼남매를 더 낳으셨지만 동생들의 이름을 그렇게 짓지는 않으셨다. 비록 단순하게 지어진 이름이지만, 나는 자라면서 그 이름에 어울리게 한마음으로 거룩함을 지키며 살게 해달라고 늘 기도했다. 어릴 때부터 주일학교에 다니며 고등학교를 졸업하기까지 주님의 은혜로 건강하게 믿음이 자랐다.

그러나 1977년, 대학에 입학하고 1년여 간 신앙의 갈등을 겪었다. 어릴 때부터 당연하게 여겨온 신앙에 회의가 들기 시작했다. 삶의 진정한 목적이 무엇인지 진지하게 고민하기 시작했다. 결론은 세상 어디서도 영원한 목적을 찾을 수 없다는 것이었다. 당시 내가 생각하기에 죽음이 인생 최대의 부조리요, 절대 변경할 수 없는 일로 버티고 있었기 때문이다. 결국 영원하신 하나님께로 돌아가 답을 찾을 수밖에 없었다. 그러나 하나님이 정말 살아 계신지, 살아 계시다면 내 삶 전부를 드려 섬길 만한 분인지 확신이 들지 않았다. 대학에 입학한 첫 해부터 갈등과 고민이 많았다. 인생의 의미를 찾겠다며 여기저기 기웃거리다 연극반에 들어갔고, 거의 날마다 술을 마셨다. 밤늦게 집으로 돌아올 때는 허무감이 밀려들어 더욱 괴로웠다.

1978년 1월, 예과 2학년에 올라가기 전 겨울방학이었다. 방황하는 내 모습을 안타깝게 지켜보던 아버지가 내게 기도원에 가자고 하셨다. 기도원에 들어가 금식하던 둘째 날, 방에만 있으려니 허기지고 마음도 괴로워 방석 하나를 들고 가까운 언덕에 올라갔다. 겨울이지만 햇볕이 따스하게 내리쬐었는데 갑자기 하염없이 눈물이 흘렀다. 은혜를 받아서가 아니었다. 모태 신앙으로 태어나 나름대로 열심히 신앙생활을 해왔는데, 이제 와서 "하나님이 살아 계신가?" 하는 가장 기본적인 질문에도 대답할 수 없는 나 자신이 초라하게 느껴졌기 때문이다. 그때 성경을 펼쳤는데 시편 34편 18절 말씀이 눈에 들어왔다.

"여호와는 마음이 상한 자를 가까이 하시고 충심으로 통회하는 자를 구원하시는도다."

그 당시 나는 무척이나 상심한 상태였다. 내 영혼은 하나님을 찾기에 갈급했다. 오직 그분 안에서 소망을 찾을 수 있을 것 같기는 한데 어떻게 해야 할지 몰라 막막했다. 그런 내게 하나님은 시편을 통해 말씀하셨다. 당신이 나의 상한 마음을 무시하지 않고 돌보고 계심을 알려주셨다. 따뜻한 햇볕처럼 내 영혼을 비춰주셨다.

그때까지 나는 "하나님이 살아 계심을 보여주시면 내 생명을 드리겠다"는 조건을 내건 터였다. 그러나 기도원을 내려오면서는 하나님 이외에 다른 소망이 없음을 인정했다. 하나님께 완전히 백기를 들었다. 하나님이 살아 계심을 스스로 증명해주지 않으시더라도 그분의 말씀을 신뢰하고, 성경에 기록된 대로 예수님을 통해 주신 약속을 믿기로 결단했다.

이후로 의심이 아주 없어진 것은 아니었다. 어떤 날에는 확신이 들다가도 다음 순간 의심의 구름이 몰려들었다. 그때마다 당시 널리 알려진 복음성가를 부르며 믿음을 붙들었다.

"나 결심했네. 주 따르기로… 뒤돌아서지 않겠네."

그러나 결심만으로 믿음을 지켜가기에 부족함을 절감하고 한 기도 모임에 참석하기 시작했다. 오대원데이비드 로스, David Ross 목사님이 인도하는 예수전도단의 화요모임이었다. 서울 한복판 명동에 위치한 YWCA 강당에 수백 명의 젊은이들이 모여 찬양하고 말씀을 듣고 뜨겁게 기도했다. 그 모임에 참석하는 나의 목적은 딱 하나였다. 성령 충만을 경험하는 것이었다.

"내 힘과 결심만으로는 믿음을 붙들고 주님의 증인이 될 수 없습니다. 성경에서 약속하신 대로 살아 계신 하나님의 영, 성령님이 도와주세요."

화요모임에서 많은 사람이 성령의 은혜를 체험했지만, 내게는 아무 일도 일어나지 않았다.

1978년 10월 10일 화요일, 화요모임에 참석한 지 10개월이 지날 즈음이었다. 여느 날처럼 찬양과 말씀과 기도 시간이 끝나고 마지막 찬양을 드리던 그때, 성령이 조용히 그러나 확실히 찾아와주심을 느꼈다. 방언의 은사를 받기도 했지만, 가장 큰 변화는 내 마음에 주님을 사랑하고 말씀을 따르고자 하는 자원함이 생긴 것이었다. 그동안 아무리 노력해도 갖지 못했던 이 마음이야말로 성령이 내게 행하신 가장 큰 기적이었다.

이제 주님께 내 삶을 드렸으니 이전처럼 살 수는 없었다. 당시 한국 교회는 민족 복음화를 가장 중요한 과업으로 외치던 시기였다. 그러나 미국 출신의 선교사 오대원 목사님은 나 같은 대학생과 청년들에게 세계 선교를 향해 나아가라고 강하게 도전하셨다. 기독교인 수가 인구의 10퍼센트 이하이고 국민소득이 1천 달러가 안 되었던 1970년대 말에 세계 선교는 무모한 도전이라고 많은 사람이 생각했다. 돌이켜보면, 오대원 목사님은 성경에서 말하는 교회의 부르심에 근거해 예언자적 선포를 하셨던 것 같다.

그 후 10여 년 동안 한국 교회의 폭발적인 성장과 한국 경제의 발전이 일어났고, 이것은 선교의 부흥으로 이어졌다. 국민소득이 열 배 이상으로 오르고, 교회의 성도 수도 두 배 이상 늘었다. 해외 여행 자유화로 한국 여권을 들고 나가지 못하는 나라가 없게 되었다. 40여 년이 지난 지금, 당시 가난하고 미약했던 한국 교회 상황에서도 앞뒤 가리지 않고 헌신했던 형제자매들이 세계 여러 선교 현장에서 중견 선교사로 섬기고 있다. 순종하는 자들을 들어 쓰시는 하나님의 역사에 놀라고 감사하지 않을 수 없다.

그 당시 소명받고 헌신한 대학생이 갈 길은 정해져 있었다. 전공이 무엇이든 간에 포기하고 신학교에 가서 목회자가 되는 것이었다. 그것이 진정한 사역자의 길이라고 생각했다. 내가 다니던 모임에서도 많은 선배가 그 길을 선택했다. 당시 치과대학 예과 2학년이던 나 역시 주님 말고는 인생의 다른 목적을 생각할 수 없었기에 목회자의 길을 염두에 두고 기도하기 시작했다.

그러나 본과로 올라오면서 학업 부담이 늘어났다. 거의 매일 시험을 치러야 했다. 예수전도단에서도 대학생 사역이 시작되었고, 리더 중 한 명이었던 나는 일주일에 서너 번씩 정규 모임과 캠퍼스 모임, 리더 모임에 참석해야 했다. 날이 갈수록 학업과 모임을 병행하기가 부담스러웠다. 도서관에 앉아 있으면 선교단체 모임이 생각났다. 나는 이곳에 있을 사람이 아니라는 생각에 머리가 복잡했다. 막상 모임에 가서는 다음 날 치러야 할 시험 생각에 마음이 무거웠다.

어느 날 주님은 내 안에 이런 울림을 주셨다.

"치과의사로 온전히 헌신하며 섬기는 길을 걸어라."

소명받은 그리스도인이 세상 직업과 병행하여 선교 활동하는 것을 양다리 걸치기로 이해하는 분위기에서 처음에는 이런 울림에 거부감이 들었다. 그래서 멘토인 오대원 목사님을 찾아가 고민을 털어놓았다. 목사님은 내게 물으셨다.

"왜 신학교에 가려고 하세요?"

"신학 공부 후 목사 안수를 받아 전임 사역자가 되어야 주님의 일에만 전념할 수 있으니까요."

"그렇지 않습니다. 치과의사가 되어도 주님을 온전히 섬길 수 있어요."

목사님은 두 날개 선교, 즉 한 손에는 복음을, 다른 한 손에는 직업을 들고 주님을 섬길 수 있다고 격려하며 도전을 주셨다. 그때부터 한 명의 직업인으로 선교의 부르심을 따라가는 나의 긴 여정은 시작되었다.

더 깊이 생각해보기: 누가 진정한 사역자인가?

"사역의 진정한 주체는 누구인가?" "평신도가 진정한 사역자가 될 수 있을까?" 이것은 중요한 문제다.

교회 구성원의 99퍼센트 이상은 평신도이며, 그 대부분은 직업인이거나 주부다. 그러나 한국 교회의 사역은 주로 안수 받은 목회자 중심으로 진행되고, 평신도는 사역 대상이 되거나 보조 역할을 하는 데 그친다. 그 이유는 사역 자체에 대한 이해가 설교, 성경공부, 성가대, 주일학교 봉사 등 개교회 중심의 활동에만 머물러 있기 때문이다. 이런 환경에서 평신도는 자신을 사역자로 인식하기가 힘들다.

"사역의 진정한 주체는 누구인가?"라는 질문은 종교개혁 이후로 교회론에서 다루는 중요한 사안이 되었다. 평신도와 성직자를 가르는 이분적 이해는 사실 비성경적이다. 그럼에도 초대 교회 때부터 종교개혁 시대까지 이어졌다. 종교개혁가 마틴 루터는 "모든 그리스도인은 진정한 의미에서 사제(사역자)다. 그들 사이에 맡은 직책 이외에 다른 차별은 있을 수 없다… 세례 받은 사람은 사제나 주교나 교황과 마찬가지로 거룩하게 드려진 자다"라고 선언했다.[1] 이 같은 주장은 '만인사제설'로 알려졌다.

---

[1] Hendrik Kraemer, *A Theology of the Laity* (Philadelphia: The Westminster Press, 1958), 61에서 인용.

한편, 신학자 한스 큉은 만인사제설을 삼위일체 관점에서 다음과 같이 정리했다.[2] 첫째, 모든 믿는 자는 하나님의 백성이라는 신분에서 근본적으로 동등하다. 성직자와 평신도는 신분상 구별이 없다. 둘째, 모든 믿는 자는 그리스도의 한 몸 안에서 각자 맡은 독특한 역할이 있다. 가장 연약한 자일지라도 저마다 받은 은사를 따라 섬긴다. 그러한 섬김을 통해 그리스도의 몸이 세워지고 사역이 이루어진다. 셋째, 모든 믿는 자는 성령의 진정한 도구로 기름부음을 받아 세워진다. 구약시대에는 극히 일부 선지자와 제사장과 왕만 기름부음을 받았지만, 신약시대에 이르러서는 성령이 선지자요 왕 같은 신앙 공동체 전체에 임하셨다(벧전 2:9, 계 5:10). 다시 말해, 모든 믿는 자는 세상을 섬기도록 부르심을 받으며, 하나님의 선교를 수행할 진정한 주체로서 지닌 권위는 성령에게서 온다.

성직자와 평신도는 모두 하나님의 백성이며 신분상 동등하다. 또한 그리스도의 몸 안에서 각각 고유한 은사대로 섬기며, 하나님의 영원한 목적을 위해 성령의 기름부음을 받아 세워진다는 점에서 정통성을 지닌 사역자다.

---

2 Hans Küng, *The Church* (New York: Sheed and Ward, 1976), 147-337.

닥터 뉴스마 Dick H.Nieusma.Jr., 1930-2018

한국 이름 '유수만'으로 불린 닥터 뉴스마는 1930년 미국 미시간주에서 태어났다. 1957년 치과대학을 우등 졸업한 후, 1961년 선교에 헌신하여 한국에 선교사로 파송되었다. 그의 나이 31세였다. 이후로 선교 사역을 마친 1986년까지 광주기독병원에서 치과과장으로 재직하며 한국의 치과의사들을 수련했다.

당시 그가 가르친 치과보철 수련 프로그램이 유명해지면서 젊은 치과의사들이 수련을 받기 위해 전국에서 몰려들었다. 1982년, 그는 이 프로그램을 마친 치과의사 중에서 마음을 같이하는 이들과 함께 소외계층을 진료하기 위해 치과의료선교회를 설립했다. 쓰레기섬 난지도의 주민에게 무료 진료를 제공하는 치과병원도 세웠다. 치과의료선교회는 1990년대부터 해외 선교에 수많은 치과 의료인을 파송하는 선교단체 사단법인 디에스아이[DSI]로 성장했다.

뉴스마 박사가 한국에 파송된 선교사인데도 불구하고 전도나 교회 개척에는 시간을 별로 쓰지 않고 병원 일에 전념하는 것을 본 한 사람이 어느 날 그에게 물었다.

"박사님은 치과의사입니까, 아니면 선교사입니까?"

닥터 뉴스마는 웃으며 대답했다.

"나는 치과 의료 선교사입니다."

2
헌신하면 부모는 누가 책임질까?

어머니는 내가 치과대학에 들어간 것을 자랑스럽게 여기셨다. 성격이 강하고 활동적이어서 가족의 대소사는 주로 어머니가 결정하셨다. 아버지는 온유한 편이었다. 어머니는 장남인 나를 어릴 때부터 많이 아끼셨다. 편애한다고 느낄 만큼 내게 기대가 컸고, 나중에는 의지도 많이 하셨다. 그런데 내가 주님을 다시 만나 헌신한 후, 공부에는 별 관심이 없고 제자훈련과 사역에 열중하는 모습을 보며 하루는 걱정스럽게 입을 떼셨다.

"너 치과 공부 소홀히 하고 그렇게 성경공부 모임만 쫓아다녀도 되는 거니?"

나는 대답했다.

"저, 주님 잘 섬기는 사람이 되게 해달라고 어머니가 기도하지 않으셨어요?"

그러고 나서 어머니는 이 문제에 대해 더는 말씀하지 않으셨다. 나의 헌신과 함께 어머니의 헌신도 시작되었던 것 같다. 내가 점점 더 캠퍼스 사역에 몰두하는 것을 보면서 어머니도 장남을 하나님께 내어드리는 시간을 가지셨을 것이다.

1991년 7월, 나는 선교를 준비하며 선교학을 공부하기 위해 미국으로 출국했다. 치과병원 일은 정리했다. 어머니와 아버지는 그동안 10년 가까이 내가 사역해온 예수전도단을 물심양면으로 지원하고 섬기셨다. 그러나 막상 우리 가족이 한국을 떠난다고 했을 때, 마음을 단단히 다잡아야 하셨을 것이다. 겉으로 표현은 못해도 사랑하는 자식과 손주들을 떠나보내는데 왜 안 그렇겠는가? 그럼에도 모든 일을 하나님의 손에 맡기고 진심으로 축복하며 우리를 보내주셨다.

파사데나의 풀러선교대학원에서 선교학 석사 과정을 영어로 공부하는 것은 자연과학도였던 내게 새로운 도전이었다. 어린 자녀들과 아내와 함께 새로운 문화에 적응하랴, 영어 원서를 읽고 과제물 작성하랴, 강의 들으랴 무척 애먹었다. 쉬운 일이 없었다. 그러나 주님의 부르심을 기억하고 주변 사람들의 도움을 받아 한 학기를 무사히 넘겼다.

12월 첫 학기말 시험을 치르는 주간에 한국에서 연락이 왔다. 어머니가 난소암 수술을 받고 항암 치료를 하고 계신다는 소식이었다. 가까운 친척들은 어머니가 힘들어하고 나를 많이 의지하는 데다가 암 치료 비용도 적지 않으니 장남인 내가 한국에 돌아오는 것이 좋겠다고 말씀하셨다.

일단 갑작스런 소식에 충격을 받았다. 어머니의 건강이 몹시 염려되었고, 당장 돌아오라는 친척들의 조언을 듣고 극심한 혼란에 빠졌다. 오랫동안 선교를 준비해왔고, 이제 하나님께 순종하여 치과일을 정리하고 한국을 떠나온 지 얼마 되지 않았는데, 왜 이런 일이 일어난 걸까? 하나님의 뜻을 잘못 분별한 걸까? 아무리 생각해봐도 이해할 수 없었다.

돌이켜보면 그 일은 나의 경험과 지식, 이해를 초월하여 하나님의 인도하심을 배우는 첫 걸음이었다. 아내와 함께 그 일을 놓고 기도하는 가운데 주님이 주신 말씀에 나는 더욱 갈피를 잡지 못했다.

"이 병은 죽을병이 아니라 하나님의 영광을 위함이요 하나님의 아들이 이로 말미암아 영광을 받게 하려 함이라"(요 11:4).

마음 깊은 곳에서 질문이 솟구쳤다.

'아니, 암이 죽을병이 아니면 무엇이 죽을병인가요?'

마음이 조금 진정되고 나서 나는 그 일을 다시 생각해보았다.

'어머니의 암은 내가 한국에 돌아가 곁에 있는다고 해서 낫는 병이 아니다. 오직 하나님만 고치실 수 있는 병이다. 내가 모든 것을 포기하고 한국으로 돌아간다면 어머니에게 잠시 정서적으로 의지가 될 수 있겠지만, 아들이 하나님을 섬기러 나섰는데 주저앉혔다는 죄책감이 어머니 마음에 내내 남을 것이다.'

온 힘을 다해 주님의 부르심에 순종하고, 어머니의 병은 주님께 맡기는 것이 올바른 결정 같았다. 그래서 어머니에게 이런 마음을 말씀드리고 의견을 들어보자는 생각으로 한국으로 가는 비행기에 올랐다. 가족이 모두 가려면 경비가 많이 들기 때문에 큰아들 요한만 데리고 길을 나섰다. 그때 요한은 세 살이 채 안 되었다.

비행기에서 요한을 창가 좌석에 앉히고 나는 그 옆에 앉았다. 그러고는 착잡한 심경으로 성경을 읽고 있는데, 창밖을 내다보던 요한이 말했다.

"아빠, 하나님이 걱정하지 말래요."

"어디서 들었니?"

요한은 창밖의 하늘을 가리키며 말했다.

"저기요."

하나님은 아들 요한을 통해 나를 위로해주셨다.

한국에 도착하자마자 수술 후 1차 항암 치료를 마치고 집에 와 계신 어머니를 만났다. 어머니는 나와 요한을 보고 반가워하셨다. 예전과 달리 눈매가 많이 풀려 있었다. 쇠약하고 지친 모습이 안타까웠다. 그러나 기도하면서 들었던 마음을 어머니에게 말씀드렸다. 어머니는 담담히 동의해주셨다. 이 같은 믿음의 지원으로 나는 부르심의 길을 계속해서 걸어갈 용기를 얻었다.

그 후 어머니는 2000년 4월에 소천하기까지 약 10년간 세 번의 수술과 다섯 번의 항암 치료를 더 받으며 힘겨운 투병 생활을 하셨다. 어머니는 투병 중에도 낙심과 절망과 무력감을 믿음으로 이기고 오뚝이처럼 일어나셨다. 주님이 공급해주시는 놀라운 평안함과 능력으로 사역은 더 넓어지고 깊어졌다. 어머니는 병에 걸리기 전에도 신실한 중보 기도자로 섬기셨다. 매주 어머니의 인도로 모인 중보기도 모임에는 가정이

깨어진 사람, 사업이 망한 사람, 질병으로 고통당하는 사람이 와서 함께 기도하며 하나님의 은혜를 체험했다.

나와 딸 둘까지 합쳐 세 명의 자녀를 선교사로 둔 어머니는 늘 다른 선교사들도 마음에 품고 그들을 위해 기도하셨다. 수술이나 항암 치료를 받고 나서 조금이라도 기력이 회복되면 아버지와 함께 한국뿐 아니라 미국과 캐나다까지 날아가 가정회복 세미나를 인도하고, 여러 곳에서 중보기도 모임을 일으키셨다. 로스앤젤레스의 뿔라 기도 모임을 비롯한 몇 개의 기도 모임은 지금까지 꾸준히 지속되고 있다. 한국에서도 매주 100명 이상이 모여 나라와 교회와 선교를 위해 기도하는 월요 중보기도 모임을 시작하셨다. 어머니는 2000년에 중보기도 모임을 인도하다가 쓰러져 소천하기까지 하나님의 종으로 쉼없이 길을 달려가셨다.

선교사로 섬기기 시작한 후, 나는 부모님께 재정적인 도움을 거의 드리지 못했다. 매달 선교회를 통해 드리는 20만 원 정도가 전부였다. 항암 치료와 섭생에 많은 비용이 들어갔지만, 하나님은 장남인 나 대신에 어머니의 치료비와 생활비 등 모든 재정의 필요를 신실하게 채워주셨다. 한번은 한국에 방문할 기회가 있어 어머니와 대화를 나누었는데, 어머니가 통장을 보여주며 이렇게 말씀하셨다.

"이 통장에 사람들의 헌금이 쌓이면 병원에 갈 때가 되었나 하는 생각이 든단다. 아니나 다를까 병원에 가서 검사를 받으면 암이 전이되어 수술이나 다른 치료를 받아야 한다는 의사의 말을 듣지. 우리 주님이 얼마나 신실하신지…."

어머니가 돌아가시고 나서도 그 통장에는 여전히 상당한 잔고가 있었다.

어머니가 위급하시다는 소식이 선교지로 날아들었다. 수요일에 소식을 받자마자 항공편을 알아보았다. 당시만 해도 작은 도시였던 K국 B시에서 한국으로 가는 항공편은 주 1회 월요일에만 있었다. 수소문한 결과 금요일에 한국과 반대 방향인 튀르키예(터키)와 스위스를 경유하여 한국으로 가는 항공편을 겨우 구할 수 있었다. 출발 전에 어머니에게 전화를 해서 내가 갈 때까지 기다려달라고 말씀드렸다. 그러나 30시간이 넘는 여정 끝에 한국에 도착하니 어머니는 이미 돌아가신 후였다.

무너지는 마음을 부여잡고 공항에서 바로 영안실로 갔다. 빈소를 지키는 이틀 동안, 어머니의 기도와 사랑으로 회복된 많은 사람이 찾아와 어머니를 기억하며 눈물 흘리는 모습을 보았다. 힘든 상황을 무릅쓰고 맏아들과 두 딸을 선교사로 내어드렸더니 하나님이 어머니에게 수십 배나 많은 영적 자녀들을 보내어 갚아주셨다.

지금 큰아들 요한의 나이는 서른셋이다. 내가 한국을 떠날 때의 나이와 같아서일까? 이제 비로소 자녀를 선교사로 떠나보내신 부모님의 마음을 이해할 수 있을 것 같다. 선교사로 사는 것은 큰 특권이며 축복이지만 헌신과 순종이 필요한 일이다. 선교사 자신은 물론이고 그 뒤에 있는 사람들, 특히 부모님의 헌신과 순종이 필수라는 것을 예순이 넘은 나이에 다시 깨달으며 새삼 그분들의 사랑과 믿음을 헤아려본다.

더 깊이 생각해보기: 고르반으로 충분한가?

한국 문화에서 자란 선교사들은 선교지로 나갈 때, 대개는 부모 부양에 부담을 갖는다. 특히 부모님이 연로하고 거동이 불편하거나 편찮으실 경우 그러한 부담은 더욱 커진다. '자식이 선교에 헌신했으니 부모님은 하나님이 책임지시겠지' 하는 마음으로는 그 책임을 면할 수 없을 것이다. 나도 우리집에서는 어머니의 자랑스러운 장남이었지만, 선교지에 와서 보니 가족 중에서 슈퍼스타가 아닌 선교사가 오히려 드물었다. 나 같은 장남이나 장녀도 있었고, 공부를 잘해서 부모의 기대를 한몸에 받은 아들이 있었는가 하면, 금지옥엽 막내딸도 있었다.

어머니가 돌아가신 후 아버지는 일흔여섯의 연세에 내가 있는 선교지로 거주지를 옮기셨다. 겉으로는 오랫동안 꿈꿔 온 선교를 하기 위해서라고 하셨다. 돌이켜보면 아내 없이 홀로 많이 외로웠고, 남은 세월은 사랑하는 아들 곁에서 주님의 일을 하며 보내고 싶으셨던 것 같다. 그 후 아버지는 2016년에 돌아가시기까지 우리 곁에서 10년을 보내셨다. 그 시간은 그동안 선교한다고 해외에 나와 있던 우리가 효도할 수 있도록 하나님이 주신 선물이었다.

3년 전, 내가 있는 선교지에서 사역하다가 소천한 김 목사님은 이전에 한국의 한 중소도시에서 목회를 하셨다고 한다. 섬겨온 교회를 일찍 은퇴하고, 이곳 선교지에 실버 선교사로 와서 제2의 사역을 10년 이상 하신 것이다. 이곳에 많이 들어오기 시작한 실버 선교사들을 위해 실버미션이라는 모임을 만들어 젊은 선교사들과 조화를 이루며 사역하도록 중재자 역할을 하셨다. 연합신학교 이사장이라는 풍성한 경험과 연류을 사용하여 현지의 신학교 발전에도 크게 기여하셨다. 또한 목회자가 되기 전에 사업을 한 덕분에 여러 방면으로 안목도 넓어 새마을운동 등 이곳 사회에 도움이 되는 프로젝트를 한국 정부와 연계하여 진행하셨다.

김 목사님 내외가 이곳에 선교사로 오게 된 동기가 무척 살갑다. 선교사로 와 있는 막내딸 집을 방문했다가 딸 옆에서 살고 싶어 훌쩍 떠나왔다고 하셨다. 동기는 단순했지만 결과적으로 이 나라의 선교에 큰 자취를 남기셨다.

주님의 제자로 살기로 결단하고 특히 선교에 헌신하면서 내게 도전을 많이 준 성경 구절이 있다. 누가복음 18장 29절 말씀이다.

"이르시되 내가 진실로 너희에게 이르노니 하나님의 나라를 위하여 집이나 아내나 형제나 부모나 자녀를 버린 자는 현세에 여러 배를 받고 내세에 영생을 받지 못할 자가 없느니라 하시니라"(눅 18:29-30).

부모님과 형제들을 뒤로하고 고국을 떠나면서도 하나님 나라를 위한 희생이라고 생각하며 스스로를 위로했다. 선교지에서 세월을 보내는 동안 부모님이 연로해지면서 한국에 남은 형제들이 짊어진 짐의 무게를 보았다. 부모님을 제대로 모시지 않는다고 비난하는 형제는 없었다. 하지만 위의 말씀을 핑계로 내세우며 부모를 공경하라는 말씀을 피해갈 수 있을까?

마가복음 7장에서 예수님은 부모 공경에 대해서도 특별히 언급하신다.

> 그런데 너희는 부모에게 드려야 할 것을 '고르반, 곧 하나님께 예물로 드렸습니다' 하고 말하기만 하면 그만이라고 하여 부모에게 아무것도 해줄 필요가 없다고 가르친다(막 7:11-12, 현대인의성경).

이 말씀을 보면 찔림을 받는다. 그럼에도 선교지 사역과 자녀 양육, 제한된 재정 등으로 부모님을 위해 할 수 있는 일에 한계를 느낀다. 하나님 나라를 위해 헌신하려면 어쩔 수 없다고 생각하려 해도 막상 처자식과는 여전히 함께한다는 사실을 생각하면, 논리적으로 그리 정당하지 못한 것 같아 마음이 더욱 무거워진다.

대부분의 선교사들이 부모님을 생각하면서 공통적으로 죄책감과 미안함을 느낀다. 제한된 환경 때문에 부모님을 충분히 도와드리지 못하는 경우가 대부분이기 때문이다. 어머니와 아버지를 주님의 품에 보내드리고, 지금 90세가 넘은 장인어른을 보면서 부모 공경에 대해 배운 점이 있다. 우리 힘으로 부모님을 후회 없이 공경하기란 불가능할지 모른다. 그렇다고 자녀의 의무를 포기하지 말고 허락된 여건에서 그때그때 최선을 다하자는 것이다. 부모님은 연로한 후에도 자식들에게 여전히 올바른 삶이 무엇인지 생각하게 하고 가르침을 주시는 분들이다.

3
아이들은 무슨 죄가 있어서

1994년, 교회에서 파송식을 마치고 선교지에 들어가기 위해 준비 중이던 어느 주일이었다. 한 장로님이 심각한 얼굴로 다가와 고민을 털어놓으셨다.

"선교사님, 귀한 헌신을 하시니 존경스럽습니다. 그런데 제게 고민이 하나 있습니다. 제 딸이 중국에 선교사로 나가려고 합니다. 결혼도 안 했고 위험한 지역이어서 걱정됩니다. 선교사님이 제 딸을 만나 잘 말씀해주실 수 있을까요?"

다른 사람이 선교에 헌신하면 귀하게 보이는데 자기 자녀나 가족이 선교지로 나가겠다고 하면 염려부터 앞서는 것이 인지상정인가보다. 내가 딸에게 무슨 얘기를 할 줄 알고 이런 부탁을 하실까 속으로 웃었다.

또 한번은 파송 예배를 드린 주일, 예배 후 연세 지긋한 한 권사님이 우리 가족이 있는 곳으로 다가오셨다. 그리고 당시 다섯 살, 세 살인 요한과 다윗의 손을 꼭 잡고 눈물을 글썽이며 말씀하셨다.

"부모야 부르심을 받고 선교지로 간다지만 아이들은 무슨 죄가 있어서…."

선교사 자녀는 지나치게 헌신된 부모를 만나 험한 지역으로 따라가는 불쌍한 아이들이라고 많은 사람이 생각한다. 중앙아시아에 있는 작은 미지의 나라로 떠나면서 우리 부부도 아직 어린 두 아이의 교육과 장래가 가장 걱정되었다. 그런데 선교지로 떠나기 전에 만난 한 분과의 대화로 선교사 자녀에 대한 시각이 완전히 바뀌었다.

내가 선교학을 공부하던 풀러선교대학원에는 선교사 자녀 출신의 교수들이 몇 분 있었다. 그중 한 명인 베티 수 교수님은 언어학을 가르쳤는데, 그분을 저녁 식사에 초대할 기회가 있었다. 수 교수님은 남편과 함께 선교지에서 언어 습득을 위해 선교사들이 널리 사용하는 LAMP라는 교재를 저술하기도 했다. 우리가 곧 선교지로 떠날 예정이라는 말에 교수님은 자신이 남미에서 선교사 자녀로 살았던 경험에서 우러난 조언을 하나 해주셨다.

"나는 선교사 자녀인 것을 한 번도 불평한 적이 없어요. 오히려 늘 자랑스럽게 여겼어요. 선교사인 부모님이 우리를 하나님께 함께 부름받은 선교팀의 일원으로 여겨주신 덕분이에요. 나와 형제들은 어릴 때부터 부모님의 사역에 여러 모양으로 동참했고, 그것에 자부심을 가지고 자랐어요. 부모님은 우리 형제들을 선교사 자녀(MK, missionary's kid)로 여기지 않고 자녀 선교사(KM, kid missionary)로 인정해주셨지요."

자녀에 대한 시각이 결정적으로 바뀐 또 하나의 사건이 있었다. 선교지에서 첫 안식년을 보내고 두 번째 임기를 시작한 지 얼마 지나지 않은 2000년 초, K국 보건성의 초청으로 치과교육 병원을 시작할 기회가 생겼다. 제2기 사역에 들어서면서 대학생 제자훈련 모임인 '예수제자단'(현지어로 '쿠이')도 의과 대학생을 중심으로 사역이 늘어나기 시작했다. 마침 한국에서 치과 단기 사역팀이 다녀가기도 하는 등 바쁜 일정이 이어졌다.

단기 사역팀을 보낸 다음 날 아침, 자리에서 일어나려 했지만 왼쪽 팔과 다리가 약 1분간 움직이지 않았다. 의학 용어로 허혈성 마비라고 하는 일종의 중풍 같은 증상이었다. 그때 마침 한국에서 10년 가까이 암 투병을 해온 어머니가 위독하시다는 소식이 와서 겸사겸사 한국에 들어가 검사를 받았다. 신경과 검사 결과, 뇌동맥이 선천적으로 좁아져 생긴 증상으로 수술이나 다른 치료 방법은 없었다. 다만 이런 증상이 다시 생길 경우 한 시간 내로 가까운 병원에 가서 신속하게 응급 처치를 받아야 한다고 했다. 그러지 않으면 영구적인 뇌손상으로 인해 장애가 생기고 심하면 사망할 수도 있다고 했다. 의료 환경이 열악한 선교지에 더 머무는 것은 위험하므로 하루라도 빨리 귀국해야 한다는 것이 의사의 조언이었다.

20대 초반에 부르심을 받고 10년 이상 선교를 준비하여 선교지에 들어왔다. 이제 현지어 습득까지 마치고 본격적으로 사역을 시작하는 시점에 이런 병에 걸리다니 당황스러웠다. 언제 다시 올지 모르는 마비 증상에 대한 두려움도 엄습했다. 암 말기로 병원에 누워 계신 어머니나 다른 가족에게 내 병에 대해 얘기할 수도 없었다. 어머니 병상 옆 보조 침대에 가만히 누워 있자니 여러 생각이 오가며 마음이 복잡했다. 그러다가 문득 이런 생각이 떠올랐다.

'지금 선교를 그만둔다면 무슨 일이 가장 후회스러울까?'

나는 선교에 헌신하면서 아내와 아이들이 나를 따라오는 것을 당연하게 여겼다. 그런데 죽음의 가능성을 대면하면서 "내가 죽은 후에도 아내와 아이들은 계속해서 하나님을 따르며 살아갈 준비가 되어 있을까? 그동안 나는 아내와 아이들을 위해 무엇을 해주었는가?"라는 질문이 떠올랐다.

"내가 혹시 죽는다면 아내와 아이들에게 무엇을 남길 수 있을까? 이들이 나보다 더 좋은 사역자가 될 수도 있지 않을까? 다른 사람들을 하나님 나라의 일꾼으로 세우기 위해 그토록 노력했으면서도 왜 가족을 위해서는 아무 일도 하지 않았을까?"

그동안 소홀했던 가족에 대한 생각이 꼬리에 꼬리를 물고 일어났다.

다시 선교지에 복귀하기로 결정하면서 가족을 위해 한 가지 일을 하기로 결심했다. 아무리 사역이 바쁘더라도 가족과 함께하는 시간을 우선적으로 갖겠다는 것이었다. 실제로 아이들이 장성해 집을 떠나기까지 매주 금요일을 '신성불가침'(?) 시간으로 지켰다. 세 아이는 온 가족이 맛있는 음식을 먹고 게임하고 영화도 보면서 보낸 그 시간을 가장 즐거운 추억으로 간직하고 있다. 그래서인지 20대 후반, 30대 초반의 청년으로 자란 세 자녀 모두 자신들이 자란 선교지와 선교에 긍정적인 마음을 가지고 있다. 큰아이는 의사 수련을 받으며 중국과 북한 선교에 뜻을 두고 있고, 둘째 아이는 사업을 통해 캄보디아의 인신매매 피해 여성을 돕는 일을 하고, 막내는 간호사로 선교지에서 섬길 준비를 하고 있다.

1999년 첫 안식년을 로스앤젤레스에서 보냈다. 선교지에 들어가기 전에 풀러선교대학원에서 시작했던 선교학 공부를 이어서 했다. 주일이면 파송 교회에 출석해 그동안 기도로 후원해준 크고 작은 그룹에 선교 보고를 했다. 그러던 어느 날 선교 담당 목사님이 나중에 아이들이 대학에 갈 것을 대비해 미국 영주권을 신청하는 것이 어떻겠느냐고 제안하셨다. 아직 아이들이 어렸고 미국 사정을 잘 몰랐기에 나는 영주권과 대학 교육이 무슨 관계가 있느냐고 물었다. 외국인 유학생은 대학 학비가 비싸지만, 영주권이 있으면 학비도 싸고 학비 융자도 받을 수 있으니 꼭 필요할 것이라는 설명을 들었다.

그 후 당회의 결정으로 교회가 변호사비를 지원해주어 영주권 수속을 시작했다. 보통 3-4년이면 끝나는 과정이지만, 그 사이 2001년에 9.11 테러가 일어났고, 변호사가 서류 준비를 잘못하는 등 여러 가지 일로 수속이 지체되었다. 그러다가

2007년이 되어서야 우리가 사는 B시에서 가장 가까운 A시에 있는 미국 대사관에 서류가 도착해 영주권 발급을 위한 인터뷰를 앞두게 되었다.

그동안 영주권 취득을 위해 준비해온 문서만 해도 큰 서류 파일 두 개가 넘는 분량이었다. 마지막으로 파송 교회 담임 목사가 나를 교회 직원으로 채용하겠다는 문서만 첨부하면 되었다. 그런데 처음 영주권 수속을 시작하고 8년이 넘어가는 동안 담임 목사와 선교 담당 목사가 바뀌고 대부분의 당회원 장로들도 바뀌면서 문제가 생겼다. 우리가 처음 어떻게 영주권을 신청하게 되었는지 모르는 몇몇 장로들이 왜 교회가 선교사의 영주권 취득을 도와줘야 하는지 모르겠다며 반대 의견을 낸다는 소식을 들었다. 우리 가족의 사정을 아는 장로들은 애초 이 일이 교회가 먼저 나서서 시작된 일이라고 설명했고, 변호사도 법적 문제가 없다고 해명했지만 소용없었다. 원칙을 고집하는 분들의 주장으로 교회는 내게 이런 요청을 했다.

"영주권을 취득할 수 있도록 교회에서 선교사님에게 교역자 신분을 보장해드릴 수 있습니다. 그러자면 먼저 소속 선교회에 선교사 사임서를 제출해야 합니다."

나를 아는 장로들은 내게 일단 교회의 요청대로 하고, 여기서 1년간 안식년을 보낸 다음 선교지로 다시 나가면 누가 반대하겠느냐며 절충안을 제시했다. 그분들의 조언을 따르는 것이 미국 영주권을 얻기 위한 현실적 대안이었다. 게다가 아이들도 대학에 입학할 나이가 되어 어느 때보다 더 영주권이 필요한 상황이었다. 그러나 나와 아내는 우리의 부르심에 대해 보다 기본적인 질문을 하나님이 우리에게 하고 계심을 알 수 있었다.

애초에 영주권 신청은 선교사로 부르심 받은 일에 순종하기 위해, 그리고 자녀들의 대학 교육비를 덜기 위해 시작한 일이었다. 그런데 영주권을 얻으려면 선교자직을 일정 기간이나마 사임해야 하니 주님의 부르심 앞에서 진실한 태도가 될 수 없었다.

그 일은 우리 부부만 결정할 일은 아니었다. 실제로 자녀들 셋의 장래 교육에 중대한 영향을 미칠 수 있는 일이었다. 우리 부부는 아이들을 모두 불러 가족회의를 했다. 애초에 영주권을 왜 신청하게 되었는지, 영주권을 포기할 경우 어떤 결과가 오는지 가능한 한 아이들이 이해할 수 있게 설명했다. 그런 다음 질문했다.

"아빠 엄마는 필요하다면 영주권을 얻기 위해 교회에 가서 1년이나 그 이상을 교역자로 일할 수도 있어. 그러려면 선교사직을 공식적으로 사임해야 해. 영주권이 없으면 너희가 대학과 이후의 교육을 받는 데 선택이 제한될 수 있고…. 너희는 어떻게 하는 것이 옳다고 생각하니? 우리는 너희 생각에 따라 결정하려고 해."

우리가 한 말의 의미를 다 알았는지 아니면 몰랐는지 아이들의 대답은 단순하고 명쾌했다.

"아빠 엄마가 선교사인데 왜 사임해야 해요? 영주권을 포기해야죠."

영주권을 포기한 일은 잘한 결정이었지만, 그 후로 한동안 마음이 무거웠다. 그런데 주님은 몇 가지 징표로 우리를 위로해주셨다. 그런 결정을 하기 6개월 전에 큰아들 요한이 텍사스의 한 대학에 입학했는데, 그 학교에서 전액 장학금이 나왔다. 보통 미국 대학의 장학금은 미국 시민권이나 영주권을 가진 학생들에게 유리하지만, 요한이 지원한 그 대학교에서 제안한 4년 학비 전액 장학금은 외국인 유학생에게만 주는 것이었다.

다른 신기한 일도 있었다. 영주권을 포기하기로 결정한 후,

우리 가족은 도시에서 멀지 않은 산속의 한 오두막으로 캠핑을 갔다. 전기가 들어오지 않는 곳이기에 저녁 늦게까지 아이들과 함께 손전등을 켜고 보드게임을 한 다음 잠자리에 들었다. 나는 새벽에 일찍 잠이 깨어 오두막 밖으로 나와 산꼭대기를 바라보았다. 마침 새벽 여명이 비친 구름의 모양이 이상했다. 멀리 산꼭대기에서 떠오른 구름이 내 머리 위 하늘에서 사방으로 터지더니 다른 구름이 그 뒤를 이어서 떠오르며 터지는 게 아닌가. 마치 구름 불꽃놀이를 하는 것 같았다. 얼른 아이들과 아내를 깨워서 다 같이 그 광경을 보며 놀라고 즐거워했다. 집으로 돌아오면서 그것은 우리의 결정을 기뻐하시는 하나님의 축하 선물이었을 것이라는 이야기를 나누며 가족 모두가 큰 힘을 얻었다.

이후로도 요한이 대학을 졸업하기까지 주님은 여러 가지 신실한 방법으로 등록금 외에 생활비와 기타 경비를 채워주셨다. 2년 후 대학에 진학한 다윗도 아무 빚 없이 졸업하도록 재정을 채워주셨다. 대학원도 한국의 한 장학재단에서 학비와 생활비 전액 지원을 받아 마칠 수 있었다. 막내딸 마리아도 대학을 마치기까지 모든 경비를 주님이 여러 사람을 통해 이런저런 방법으로 채워주셨다.

영주권이나 시민권을 가진 미국 거주민들도 보통 대학을 졸업하기까지 5-10만 달러 이상의 학비를 융자받는다고 한다. 그러나 주님은 미국 영주권보다 더 신뢰할 수 있는 것이 하늘 시민권임을 아이들의 대학 교육을 통해 내게 가르쳐주셨다.

요한은 대학을 졸업한 후 어릴 때부터 꿈꿔온 의과대학에 진학하고 싶어했다. 요한이 졸업한 대학은 미국에서도 명문 대학으로 자연계 학생의 70퍼센트 이상이 의과대학에 진학했다. 물론 요한의 동급생들은 대부분 졸업하자마자 의과대학에 진학했다. 요한도 열 개가 넘는 의과대학에 지원했지만 한 군데서만 면접에 초대를 받았다. 그마저도 유학생인 것을 알고는 입학이 허락되지 않았다. 졸업 후 2년간 의과대학의 생물학 연구실에서 일하며 미국 내 여러 의과대학에 지원했지만 받아주는 곳이 없었다.

사실 요한이 의과대학에 입학했더라도 걱정은 있었다. 미국에서 외국인에게는 의과대학 학비가 융자되지 않는데, 매년 학비가 생활비를 합쳐 7-10만 달러나 들기 때문이었다. 그러던 중 싱가포르 국립의대와 미국 듀크의과대학에서 공동으로 설립한 Duke-NUS 의료전문대학원이 싱가포르에 있고 영어로 수업이 진행된다는 정보를 듣고는 그곳에 원서를 냈다. 싱가포르 정부의 지원을 받는 그 학교는 학비가 미국 학교의 절반 수준이었다. 게다가 외국인 학생에게도 장학금과 학비 융자까지 해주었다. 의과대학을 졸업한 후 싱가포르에서 5년간 근무하는 조건이었다.

그 학교에 지원서를 내고 면접을 기다리고 있었다. 얼마 되지 않아 그 의과대학의 학장이 마침 요한이 일하고 있는 휴스턴을 방문하니 직접 면접하고 싶다는 연락이 왔다. 요한이 사는 휴스턴으로 직접 학장을 보내주시는 주님의 세밀한 손길을 경험한 순간이었다. 요한은 면접을 보았고, 그 프로그램에 합격해 싱가포르에서 의학공부를 마칠 수 있었다. 지금은 일반외과 전문의 수련을 받고 있다. 의과대학을 졸업하기까지 장학금을 제외하고 은행에서 융자받은 금액도 졸업하고 나서 몇 년 후 자기 월급으로 다 상환할 수 있었다.

다윗과 마리아는 졸업 후 미국에서 직장을 얻었다. 다윗은 직장을 얻고 4년 만에, 마리아는 1년 만에 미국 영주권을 받았다. 하나님은 우리가 먼저 천국 시민이 되기로 선택한 것을 보시고, 필요한 경우 필요한 때에 미국 영주권을 주셨다.

더 깊이 생각해보기 : 참된 자녀교육의 목표는?

선교지에 들어온 지 26년이 지난 오늘, 코흘리개로 들어와 이제 어엿한 청년으로 성장한 자녀들을 바라본다. 이 아이들은 모국과는 많이 다른 환경에서 우리 부부가 스스로의 힘으로 아무것도 보장해줄 수도 없는 상황에서 자랐다. 그러나 주님이 아이들 한 명 한 명을 당신이 품으신 최선의 계획을 따라 인도하시고 하나님 나라의 일꾼으로 성장하게 해주셨다.

선교지로 오면서 자녀들에게 한국에서 사는 아이들이 누리는 교육의 기회를 주기란 현실적으로 불가능했다. 실제로 처음 우리가 K국에 왔을 때에는 선교사 자녀 학교조차 없었다. 아이들을 현지어로 교육하는 유치원과 초등학교에 보내는 것 말고는 다른 대안이 없었다. 한국의 여느 아이들처럼 과외공부를 시킬 학원도, 돈도 없었다.

한국에 있을 때에는 수능 시험에서 우수한 성적을 얻어 좋은 대학에 가고 탄탄한 직장에 취업하는 것이 성공적인 자녀교육의 길이라고 생각했다. 그러한 기준으로 보면 선교지에서 아이들이 좋은 교육을 받기란 거의 불가능했다. 우리가 처음 선교지에 올 때에는 자녀교육에 대해 아무런 생각이 없었다.

별다른 대책도 없었다. 아이들이 어리기도 했거니와 그저 한 걸음씩 따라가다보면 주님이 신실하게 인도해주시겠지 하는 마음뿐이었다.

선교지에 와서 우리 아이들은 스스로 선택한 것은 아니지만 한국 교육의 무한 경쟁에서 벗어날 수 있었다. 오히려 자기와 다르게 생긴 아이들 틈에서 알아듣지 못하는 말을 이해하려고 애쓰면서 새로운 세상에 적응하는 법을 익혀나갔다. 그런 어려움을 극복하면서 좀 더 근본적인 질문을 하게 된 것 같다.

"나는 왜 이곳에 와 있을까?"

"우리 부모님은 왜 고국을 떠나 이곳에 와서 어눌한 현지어로 자신과 현지인들을 고생시키고 계실까?"

"나는 어느 나라 어느 문화에 속해 있을까?"

그러면서 "무엇을 하며 살 것인가?"보다 더 근본적인 인생의 질문인 "나는 누구이며 무엇을 위해 어떻게 살아야 하는가?"에 대한 답을 찾아가게 된 듯하다.

우리가 선교지에 와서 감사한 일이 많지만, 무엇보다 한국에 있을 때보다 가족과 저녁시간을 더 많이 함께할 수 있었던 점이 가장 감사하다. 가끔 한국을 방문할 때면 사촌형제들이 학업 스트레스로 힘들어하는 것을 본 우리 아이들이 이런 말을 했다.

"엄마 아빠, 한국에 살지 않게 해주셔서 감사해요."

한국에서 살 때 낮에는 직장일로, 저녁에는 사역으로 정신 못 차릴 정도로 바쁘게 지냈다. 하지만 선교지에 와서는 사회관계가 단순하다보니 생활도 한결 단순해졌다. 대신 가족과 함께 지내는 시간이 많아지고 아이들과 대화하면서 서로 깊이 이해할 수 있는 기회도 많아졌다. 덕분에 우리 아이들에게 선교지의 유년 시절은 행복한 기억으로 남았다. 선교사인 부모와 함께 선교지의 사역 경험을 공유하면서 어떻게 사는 것이 의미 있는 삶인지 나름대로 답을 찾은 것 같다.

지금 우리 세 자녀는 각자 전문 분야에서 일하며 배우자도 만나고 미래의 삶을 열심히 준비하고 있다. 그리고 자신의 인생을 만들어갈 많은 중요한 결정을 하고 있다. 그 중요한 시기에 최선의 결정을 할 수 있는 올바른 시각과 삶의 기준을 어디서 찾을 수 있었는지 생각할 때마다 주님의 인도하심에 감사한다.

4
위장 취업자인가?

치과대학에 다닐 때, 선교에 헌신했다고 부모님께 말씀드렸다. 아들이 신앙의 방황을 마치고 돌아온 것을 반가워하면서도 막상 그렇게 말씀드리자 부모님은 내가 하던 공부를 그만두고 신학교에 가려는 건 아닌지 걱정하셨다. 지금은 직업에 대한 이해가 많이 달라졌지만, 1970년대 후반만 해도 주님께 진정으로 헌신하려는 이들에게 직업은 장애물 또는 유혹거리로 이해되었다. 진실로 헌신하려면 원래 하던 일이나 공부를 그만두고 신학교에 들어가 목회자가 되는 것을 바른 길로 보았다.

하지만 나는 학업을 지속하면서 대학생 선교단체 활동에

열심히 참석했다. 두 가지 일 모두 주님이 내게 맡겨주신 일이라고 생각했다. 학교를 졸업한 후에는 치과병원을 개업하여 1986년부터 1991년까지 병원 일과 대학생 사역을 병행했다. 사실 병원 일은 사역에 필요한 재정을 공급하는 수단이었다. 눈앞에 닥친 가정의 경제적 어려움을 해결하는 역할에 불과했다. 그런 부담만 없다면 당장이라도 병원 문을 닫고 선교지로 나가고 싶었다.

나의 진정한 삶은 업무 후부터 시작되었다. 수요일에는 리더 훈련, 금요일에는 집회 인도와 말씀 증거를 하러 병원 문을 나설 때, 나는 다른 사람으로 변신했다. 죄 많은 세상에서 필사적으로 돈을 벌어야 하는 생활인으로 살다가 대학생들을 제자로 세우는 사역자로 변신하는 경험을 반복했다. 그것이 이중적이고 모순된 삶이라는 것은 진지하게 인지하지 못했다. 세상에서 하는 일은 생계를 위한 수단으로 영적인 것과 무관한 한편, 영적인 일은 교회나 선교단체 등 특정한 장소에서 기도, 예배, 성경공부, 전도 등을 하는 것이라고 생각하는 이원론적 이해에 젖어 있었기 때문이다.

그러나 병원 일을 하는 기간이 지속되면서 대학생 사역 현장보다 오히려 일터에서 신앙적으로 도전할 일이 더 많다는 것을 느꼈다. 은행 대부금으로 인한 재정적 압박, 진료 계획을 세울 때의 윤리적 선택, 세무 투명성을 위한 도덕적 결정, 직원의 처우 문제, 환자와의 갈등 등 교회나 선교단체에서 겪어 보지 못한 일들을 겪으며 예수님의 제자로 어떻게 행해야 옳은지 고민했다. 그런 일에서 내가 너무 준비되어 있지 않다는 사실을 깨달았다. 그러나 그리스도의 진실한 제자가 되기 위해서는 그 일들이 캠퍼스 사역만큼이나 중요하다는 사실을 당시에는 미처 몰랐다. 10여 년이 지난 후에야 점차 그 의미를 깨닫기 시작했다.

내가 사역하고 있는 중앙아시아는 이슬람교 배경을 가진 주민들이 대다수를 이루고 있다. 이 지역에서는 선교사 신분으로 종교 비자를 받기 힘들다. 받는다고 해도 활동에 제약이 많다. 그래서 많은 선교사가 비영리 민간단체[NGO]에 소속되거나 사업을 명목으로 입국한다. 본업에 종사하기보다는 장기 거주가 가능한 비자를 받거나 자비량 선교를 하기 위해서다. 공개적으로 건넬 수 있는 명함이 있으면 현지인을 만나 관계를 맺기가 훨씬 수월하기 때문이다. 선교사가 입국할 수 없는 지역에 신분을 위장해 들어가 복음을 전한다는 것이 기본적인 생각이다. 일종의 위장 취업인 셈이다.

전문직이나 사업을 다만 선교 도구로 여기는 사역자는 대개 다음과 같은 특성을 보인다. 먼저, 자신이 공적으로 하고 있는 일에서 궁극적인 의미를 찾지 못한다. 애초에 직업은 선교를 하기 위한 수단이라고 여기기 때문에 최선을 다해 일하거나 전문성을 개발하는 데 크게 관심이 없다. 그러다 보니 그 분야의 전문가로 인정받지 못하는 경우가 많다. 스스로도 '나는 선교사이지 사회 활동가나 사업가가 아니다'라고 생각하며 공공연히 그렇게 말한다.

미국인 친구 중에 이 지역에서 오랫동안 같은 비영리 민간단체를 통해 사역해온 톰 헤일 선교사가 있다. 그는 이렇게 생각하는 동료들에게 크게 회의를 느끼고 「진실한 기독교」라는 논문을 쓰기도 했다.[3] 논문에서 그는 위장된 신분으로 일하면서 진리의 복음을 전하는 것이 과연 합당한 일인지 묻는다.

---

3 Tom Hale III, "Authentic Lives: Overcoming the Problem of Hidden Identity in Outreach to Restrictive Nations"(Pasadena: William Carey Library, 2016).

더 깊이 생각해보기: 일반 직업도 사역이 될 수 있을까?

선교지에 들어올 때 나는 전문인 선교사가 많은 국제 선교단체 소속으로 사역을 시작했다. 이 단체에 소속된 선교사들은 자기 직업에 대해 다양한 생각을 가지고 있었다. 다행히 직업이 선교에 방해가 된다는 생각을 가진 사람은 극소수였다. 하지만 직업을 선교의 수단으로 생각하는 사람은 많았다. 그런 이들은 직업 때문에 선교할 시간이 부족한 것에 부담을 느꼈다. 자기 신분에 대해서도 진정한 사역자라기보다 교회 개척이나 그 외 영적 사역의 보조자로 여기며 내적 갈등을 겪기도 했다.

감사하게도 우리 단체에는 직업 자체를 통해 하나님의 선교를 할 수 있다고 믿는 사람들도 꽤 있었다. 그들은 자기 전문 분야에서 하나님의 사랑과 공의를 실천함으로써, 복음에 적대적인 이 나라에 복음의 빛이 비치고 성경적인 변화가 이루어질 수 있다고 믿었다. 그래서 기회가 날 때마다 말로 하나님 나라를 증거할 뿐 아니라 전문 분야에서 성실하고 탁월하게 일함으로써 그와 같은 일을 하고자 했다. 그들은 교육, 의료, 지역사회 개발, 비즈니스 등의 분야에서 겸손하게 섬겼다. 한국 교회에서 자라면서 형성된 직업과 사역에 대한 나의 관점은 풀러선교대학원에서 전문인 선교를 연구하면서 변화되기 시작했다. 그리고 선교지에 와서 만나고 교제하고 관찰한 전문인 선교사들을 통해 견고한 기반을 다지게 되었다.

직업과 선교의 관계에 대해 교회와 그리스도인들은 대체로 다음 세 가지 관점 중 하나를 가지고 있다(표 1을 보라).

첫째, 직업이 선교에 방해가 된다는 관점이다. 선교를 충실히 하려면 직업 활동에는 최소한의 시간을 들이고, 나머지 시간을 최대한 교회 봉사, 성경공부 등 '영적인' 일에 사용해야 한다고 본다. 직업을 아예 포기하는 것이 최선이라고 생각하기도 한다.

둘째, 직업을 선교의 보조 수단으로 보는 관점이다. 이렇게 생각하는 사람들에게 직업은 교회 개척, 전도 등에 필요한 재정을 공급하거나 비자를 얻는 수단으로만 의미가 있다. 자신의 선교사 신분에 대해서도 보다 중요한 사역을 보조하는 역할만 하고 있다고 이해한다.

셋째, 직업 자체가 사역이고 선교라는 관점이다. 이런 관점을 가진 그리스도인은 직업이 곧 선교 현장이며, 직업 활동을 통해 하나님의 뜻을 행하고 공의와 사랑을 실천하여 하나님

표 1. 직업을 바라보는 세 가지 선교적 관점

	선교를 방해하는 직업	선교를 위한 직업	선교로서의 직업
이해	직업은 선교에 방해된다.	직업은 선교의 보조 수단이다.	직업은 선교의 필수 요소이자 현장이다.
관계	직업을 배제하는 선교	직업을 이용하는 선교	직업 안에서 이루어지는 선교
선교 과제	직업을 포기한다.	직업을 이용한다.	직업을 변혁한다. - 직업관과 실제 행동을 변혁하도록 부름 받음. - 비성경적 가치와 관행(세속화, 배금주의, 이기심 등)에 맞섬
직업인 신분	방해물	조력자	선교 일꾼
유익성	직업은 선교에 전혀 도움이 안 된다.	직업은 비자 획득, 자비량, 교회 개척, 사역의 기반이 되는 관계 형성, 전도 기회 마련에 도움이 된다.	직업 활동 자체가 증거가 된다. 직업을 통해 하나님의 뜻을 행하고 사랑과 공의를 실천해 하나님께 영광 돌린다.
지상 명령	전도 명령만 성경적으로 정당하다.	전도 명령만 성경적으로 정당하다.	전도 명령과 문화 명령 둘 다 성경적으로 정당하다.
시간	근무 시간은 전혀 중요하지 않다.	근무 후 사역 시간이 더 중요하다.	근무 시간도 사역 시간만큼 중요하다.
선교 방법	말로 증거해야 한다.	말보다 행동으로 증거하는 것이 더 중요하다.	말과 행동 둘 다로 증거할 수 있다. 탁월한 전문성 자체가 좋은 증거가 될 수 있다.

나라를 확장하는 사역을 할 수 있다고 믿는다.

  직업인이 전심으로 전문 분야를 통해 하나님을 섬기길 원한다면, 자신의 직업 활동이 사역의 도구일 뿐 아니라 사역 자체라는 사실을 이해해야 한다. 그 직업을 통해 자신을 그 분야로 이끄신 하나님을 전심으로 섬겨야 한다. 감사하게도 내 주변에는 자신의 직업을 선교의 부르심으로 생각하는 의료인이 많다.

  그들은 몇 가지 특징을 가지고 있는데, 무엇보다 자기 일에 성실하다. 선교지의 제한된 환경에서도 모든 지식을 동원해 진료에 최선을 다한다. 현지의 젊은 의료인들을 가르치는 데도 열성적이다. 비협조적인 관료들과 갈등을 겪으면서도 소망을 잃지 않고 선교지의 의료계 발전 계획을 세우고 실행했다. 여러 가지 장기 프로젝트를 개발하고 국제기관에 지원을 요청했다. 보건성 관계자들을 찾아가 설득하는 수고를 아끼지 않았다. 현지 병원의 직원들과 함께 지내면서 그리스도인의 본을 보여주었다. 일터인 병원에서 사랑, 희생, 정직, 겸손, 공평, 관용 등의 성경적 가치를 실천하며 아직 복음에서 멀리 떨어져 있는 현지인 직원들과 환자들에게 하나님 나라를 증거했다.

나는, 그리고 내가 속해 있는 신앙 공동체는 세상의 일반 직업을 어떤 관점으로 보고 있는가? 그 차이에 따라 직업은 참 제자의 길로 가고자 하는 이들에게 다른 의미로 다가올 것이다.

5
하나님은 슈퍼맨만 사용하실까?

선교사로 부르심을 받고 사역을 시작하면 우리는 보통 자신을 선생이나 영적 지도자, 늘 무엇인가를 베풀어야 하는 자로 생각한다. 특히 한국과 같은 유교 문화에 있다가 중앙아시아 같은 또 하나의 동양 문화권에 오면, 선교사는 늘 강해야 하고 자신의 약함을 현지인에게 보이지 않는 것이 올바른 태도라고 생각하는 경우가 많다. 그래서 죽도록 충성하며 선교지에 뼈를 묻을 완벽한 슈퍼맨이 되려고 안간힘을 쓴다.

지난 30년 가까운 세월 동안 나는 매일 대부분의 시간을 병원의 현지인 직원들과 보내면서 나의 강하고 좋은 점뿐 아니라 약하고 부족한 부분도 다 드러내놓고 지내왔다. 감출 도리가 없었다. 사역자를 떠나 한 인간으로서도 그들보다 강하고 완전한 사람일 수 없었다. 현지인 직원들은 내가 어려움을 겪고 갈등하는 모습을 가까이서 있는 그대로 지켜보았다. 그런 상황에서 주님이 어떻게 나를 도와 지금까지 그들과 함께 있게 하셨는지도 보았다.

한국에 있었더라면 겪지 않았을 일을 선교지에 와서 몇 가지 경험했다. 나의 무력함과 연약함이 적나라하게 드러난 사건들이었다. 동시에 하나님의 도우심과 신실하심을 경험하며 믿음이 더욱 단단해지는 기회가 되었다. 그리고 병원 직원들과 현지인 친구들에게 나의 연약함을 통해 나타난 주님의 구원과 능력, 돌보심과 사랑을 증거할 수 있었다

2005년에는 K국에서 첫 번째 시민혁명이 일어났다. 사회적으로 매우 불안했다. 정부의 실정으로 국민의 불만이 커져갔다. 그러다 마침내 4월에 부패한 정권과 대통령에 대항하여 시민혁명이 일어났다. 6월에는 남부 지역에서 K종족과 U종족 사이에 종족 전쟁이 일어나 수백 명이 사망하고 수천 채의 집이 불탔다. 그해 3월 말, 아내와 나는 막내딸을 데리고 내가 일하던 비영리 민간단체의 디렉터 집에 저녁 식사를 하러 갔었다.

그날 저녁에 비가 부슬부슬 내리면서 해발 900미터 고지에 위치한 B시는 기온이 0도 가까이 떨어졌다. 저녁 9시쯤 우리는 집으로 돌아왔다. 아파트 앞에 아내와 딸을 내려주고 나는 걸어서 5분 거리에 있는 공용주차장에 차를 주차했다. 그런 다음 우산을 쓰고 집으로 향했는데 내 기억은 거기에서 끊겼다. 얼마나 지났을까? 정신을 차리고 보니 나는 진흙바닥에 누워 있었다. 정신이 들고 나서도 10분이 넘도록 내가 왜 이곳에 있는지, 여기가 어디인지 기억나지 않았다. 차츰 주변 풍경이 눈에 들어오며 집에서 가까운 곳에 있다는 것을 알게 된 후 비틀거리며 집으로 갔다.

걱정하며 기다리던 아내와 딸은 깜짝 놀랐다. 내 옷은 진흙으로 엉망이었고, 오른쪽 얼굴과 눈은 시커멓게 멍들고 부어 있었기 때문이다. 나중에 알고 보니 강도가 뒤에서 머리를 내리쳤고, 나는 40분이 넘게 의식을 잃고 길에 쓰러져 있었다. 강도는 차 열쇠를 훔쳐 차를 가지고 도망쳤다.

그 일이 있고 나서 곧 시민혁명이 일어나 전국이 혼란스러워지는 바람에 차를 찾을 길이 없었다. 일주일 동안 집에서 쉬었다가 여전히 멍든 얼굴로 병원에 출근했다. 직원들은 사고 소식을 듣고는 괜스레 자기들이 미안해하며 걱정해주었다.

내가 사는 곳이 우범 지역이므로 이사하는 것이 좋지 않겠느냐고 권유하는 사람들도 있었다.

이후로 6개월이 지나도록 나는 길을 걸으며 계속 뒤돌아보는 습관이 생겼다. 누군가가 쫓아오는 것만 같았다. 다른 동네로 이사하고 싶은 마음이 굴뚝같았지만 아내는 동의하지 않았다.

"주님이 지켜주지 않으시면 어디에서 살든 마찬가지예요."

아내의 말을 인정하면서도 섭섭함은 감출 수 없었다. 사실 더 큰 싸움은 내 마음속에서 일어났다. K국 사람들을 사랑하기만 해도 부족할 판에 의심과 두려움이 생겨난 것이다. 예수님은 마지막 때에 이르면 "불법이 성하므로 많은 사람의 사랑이 식어지리라"(마 24:12)고 말씀하셨다. 내 마음을 지키며 현지인에 대한 사랑과 신뢰를 회복하기까지 상당한 시간이 필요했다.

같은 해 12월 어느 토요일, 끝마쳐야 할 일이 있어 밤늦게 잠자리에 들었다. 다음 날 주일, 아내가 주일학교 청소년들이 예배 후 눈썰매를 타러 산에 가는데 내 차로 데려다줄 수 있느냐고 물었다. 나는 차를 강도당한 후 중고차인 독일제 폭스바겐 웨건을 사서 타고 다녔다. 피곤했지만 아내의 부탁이었기에 아이들을 데리고 산으로 향했다. B시의 남쪽에는 해발 3천 미터가 넘는 산들이 병풍처럼 늘어서 있어 차로 한 시간만 외곽으로 나가면 언제나 눈썰매를 즐길 수 있었다. 눈썰매를 타고 점심을 먹고 즐거운 시간을 보내는 아이들을 보며 오길 잘했다는 생각이 들었다.

다시 도시로 돌아오는 길에 얼었던 몸이 녹으며 식곤증으로 갑자기 졸음이 밀려왔다. 그때 쉬었어야 했지만 조금만 더 가면 도시에 들어갈 수 있을 것이라고 생각해 졸음을 참고 운전을 하다가 깜빡 졸고 말았다. 쾅 소리에 놀랐을 때 이미 내 차는 맞은편에서 오는 차의 옆면을 들이박고 전속력으로 반대 차선의 도랑을 향하고 있었다. 브레이크를 밟아도 이미 늦었다. 차가 도랑에 처박히며 멈춘 후 정신을 차리고 보니 차체 앞면이 완전히 구겨져 있었다.

앞자리에 타고 있던 아이는 앞유리에 머리가 부딪혔는지 유리에 금이 가 있었고, 뒷자리에 타고 있던 아이들은 놀라서 얼굴이 하얗게 질렸다. 다행히 주님의 보호하심으로 크게 다친 아이들은 없었다. 경찰이 와서 조사하고 상대편 운전자는 소리 지르고… 나는 정신이 없어 어찌할 줄 몰랐다. 뒤따라오는 차에 탔던 아내가 교회에 연락을 해서 교회 지도자들이 와서 도와주었다. 나와 함께 병원에서 일하는 치과의사도 적극적으로 도와주어 사고를 수습할 수 있었다.

그 후로 한 달 정도 몸이 여기저기 아팠다. 사고의 순간을 떠올리면 또 한 번 죽음 가까이에 갔었구나 하는 두려움도 들었다. 그러나 당시 여섯 살이던 막내딸 마리아가 "하나님, 아빠를 지켜주셔서 감사합니다"라고 기도하는 소리를 들으며 문득 깨달음이 들었다. 죽음은 늘 우리 가까이에 있지만 주님의 신실하신 손도 늘 함께하며 우리를 보호해주신다는 것이었다. 비로소 진심으로 감사할 수 있었다. 그리고 내가 사고를 당하고 아무것도 할 수 없었을 때 달려와 도와준 교회 식구들과 병원 동료 등 현지인들의 도움을 떠올렸다. 그들을 도우려고 이 나라에 왔는데, 오히려 그들에게 도움을 받으며 우리는 하나가 되어가고 있었다.

다음 해 2006년 3월 어느 날, 막내딸 마리아와 아내가 함께 점심으로 떡볶이를 먹고 있었다. 마리아는 매운 음식을 좋아했다. 그날도 떡볶이를 후후 불며 먹고 있었는데, 갑자기 얼굴 한쪽에 마비가 왔고 손에도 힘이 빠지면서 젓가락을 놓쳤다. 아내는 너무 놀라 병원에서 일하고 있던 내게 전화를 했다. 한국에 있는 후배 소아과 의사에게 연락했더니 혹시 모야모야병이 아닌지 한국에 와서 검사를 해보자고 했다.

인터넷으로 모야모야병을 검색해보았다. 선천적으로 뇌혈관의 가장 깊은 곳에 있는 동맥이 좁아져, 과호흡을 하면 혈관이 막혀 마비 현상이 일어나는 병이었다. 그대로 두면 시신경이 마비되고 불구가 될 수 있으며 심하면 죽을 수도 있다고 했다. 딱히 치료 방법이 없다고도 적혀 있었다. 잠시 후 마비는 풀렸고, 마리아는 평소와 다름 없이 행동했다.

그러나 잠든 막내딸을 바라보며 이 아홉 살 아이에게 일어날 일을 상상하자니 마음이 찢어지는 것 같았다. '주님, 혹시 제가 잘못한 것이 있으면 저를 벌하시지 왜 어린 딸에게 이런 혹독한 병을 주십니까?' '주님은 사랑과 능력이 많은 분이신데, 왜 이런 일이 우리에게 일어납니까?' 애타게 부르짖는 질문에 주님은 침묵하셨다.

한국에 가서 병원을 예약하고 기다리던 중 아버지가 내가 가장 좋아하는 음식인 냉면을 사주셨다. 그날은 막내딸 걱정에 입맛이 없어 냉면 먹는 것이 모래알을 씹는 것 같았다.

그때 주님이 내 마음에 이렇게 물으셨다.

"너는 나를 이해하지 못하겠지? 그런데 너는 나 말고 의지할 다른 신이 있니?"

문득 다윗의 고백이 생각났다.

"하늘에서는 주 외에 누가 내게 있으리요 땅에서는 주밖에 내가 사모할 이 없나이다"(시 73:25).

대학교 1학년 때 내 삶을 다시 주님께 드리며 고백한 구절이 기도 했다. 그 고백을 한 후 마음에 평안이 찾아왔고 냉면 맛도 다시 느껴졌다.

마리아는 뇌수술을 두 번 받았고, 둘째 아이 다윗도 같은 병으로 뇌수술을 받았다. 지금은 치료되어 둘 다 건강하게 대학을 졸업하고 어엿한 사회인이 되었다. 이 일을 겪으며 우리 가족은 시편 23편을 다시 이해하게 되었다. 주님은 우리를 언제나 푸른 초장에 두지 않고 때때로 사망의 음침한 골짜기도 지나게 하지만, 우리가 어디에 있든지 늘 선한 목자로 우리와 함께하신다는 것이다. 우리가 강할 때뿐 아니라 연약할 때에도 한결같은 선하심과 인자하심으로 우리 곁을 지켜주신다.

2010년, 한국과 미국에서 후원팀들이 와서 박애치과수련센터와 비즈니스형 병원인 카르치과 현지인 직원들과 함께 박애치과수련센터 10주년 기념 세미나를 했다. 지나온 사역을 평가하고 앞으로의 10년을 계획하는 자리였다. 그 자리에서 현지인 의사들은 이제까지는 외부의 지원을 받아 자라왔지만 앞으로 10년은 스스로의 힘으로 발전하겠다는 선언을 했다.

나는 지나온 10년 사역을 평가하며 발표하는 순서를 맡았다. 그 발표를 준비하면서 그동안 주님이 하신 많은 일을 차근히 되돌아보았다.

여러 사건을 겪으며 나 자신의 연약함을 경험하고 주님을 더 배워가는 동안, 박애치과수련센터는 2004-2008년에만 재정적으로 다섯 배나 성장했다. 다섯 명이던 직원 수도 열다섯 명으로 늘었다. 더구나 30퍼센트에 불과하던 자립도가 90퍼센트에 달하며 외부의 지원에 의존하지 않는, 그야말로 재정적으로 거의 자립한 병원이 되었다. 2008년에는 박애치과수련센터에서 수련받은 현지인 스태프들과 함께 카르치과를 시작할 수 있었다.

지나온 10년은 사실 개인적으로는 갖가지 사건 사고를 겪느라 힘든 때였다. 그럼에도 불구하고 치과 사역은 흔들리거나 중단되지 않았다. 나의 연약함에도 불구하고 하나님은 당신의 사역을 이루어가셨다. 그 모든 놀라운 성취는 나의 강함이 아닌 연약함 가운데서 하나님이 하신 일임을 고백하지 않을 수 없다.

그런 점에서 회심 후 평생을 선교사로 살았던 사도 바울의 고백이 더욱 가슴에 와닿는다. 그것은 강한 자가 아닌 약한 자로 선교했던 이의 고백이다. 또한 '위로부터'가 아닌 '아래로부터' 선교했던 이의 고백이다.

"그러므로 내가 그리스도를 위하여 약한 것들과 능욕과 궁핍과 박해와 곤고를 기뻐하노니 이는 내가 약한 그때에 강함이라"(고후 12:10).

더 깊이 생각해보기: 연약함의 선교 – 아래로부터의 선교

그가 무식하고 미혹된 자를 능히 용납할 수 있는 것은 자기도 연약에 휩싸여 있음이라(히 5:2).

그가 시험을 받아 고난을 당하셨은즉 시험 받는 자들을 능히 도우실 수 있느니라(히 2:18).

현대 사회는 자신이 주도하지 않는 삶을 실패로 여긴다. 사람들의 오해나 공격, 예기치 못한 질병이나 위험, 불의의 사고로 자기 힘으로 문제를 해결할 수 없는 상황에 처할 경우 우리는 어떻게 하는가? 불안해하고 절망하는가, 아니면 절대자의 손 아래 자신을 겸손히 맡기는가? 선교사는 자신의 연약함을 어떻게 이해해야 하는가? 다음 단어들에 우리가 어떻게 반응하는지 생각해보자.

표2. 선교적 접근의 두 가지 측면

연약함	강함
고통	축복
의심	확신, 자신감
무력함	능력
불확실함, 절망감 등	지식과 정보력, 재력 등

사역자나 선교사는 어떤 모습이어야 한다고 교회와 세상은 생각할까? 자신의 연약한 모습을 보면 어떤 생각이 드는가? 사역 현장에서 우리는 어떤 모습을 더 자주 경험하는가?

일반적으로 세상은 연약함을 피해야 할 것으로 생각하고, 그 반대편이 있는 것을 가치 있게 여기고 추구하도록 격려한다. 표 2에서 오른쪽에 있는 단어들은 세상의 가치, 동기, 기대를 상징하기 때문이다. 사역자 자신도 스스로 그러한 사람이 되어야 한다고 생각하며 추구하는 경우가 많다.

그런 점에서 선교적 접근도 두 가지 측면에서 생각해볼 수 있다. 하나는 '위로부터의 선교'Mission From Above다. 이는 우리에게 익숙한 선교로, 제국주의 시대로부터 시작된 전형적인 서구 선교의 모습이다. 이러한 선교 모델에서 선교사는 아는 자, 있는 자, 강한 자, 베푸는 자의 위치에서 현지인들에게 다가간다. 그들의 선교는 늘 성공을 거두고 승리하는 모습이어야 한다. 이러한 선교는 승리주의[4] 또는 번영신학[5]에 기반을 두고 있다.

다른 하나는 '아래로부터의 선교'Mission From Below다. 예수님의 사역을 보면 물로 포도주를 만드시고, 병자를 고치시고, 귀신을 쫓아내시고, 5천 명을 먹이시고, 죽은 자를 살리시는 때가 있었다. 그러나 사역의 정수는 성육신과 고난과 십자가

---

4 승리주의(triumphalism)를 품은 경우 사역의 성공과 성취를 지나치게 과시하게 된다.
5 번영신학(prosperity theology)에 따르면 건강, 부, 물질의 축복은 항상 하나님의 뜻인 반면 질병이나 가난은 죄나 불신앙의 결과다.

와 죽음과 부활이다. 십자가는 예수님의 고민과 고통, 의심과 실패, 배신과 좌절이 있는 곳이었다. 그럼에도 불구하고 예수님은 십자가를 선택하셨고, 거기서 그분의 사역이 완성되었다. 다시 말해, 예수님의 사역은 그 핵심에 연약함이 놓여 있다. 그분의 부활도 스스로의 능력에 의한 것이 아니었다. 그것은 연약한 가운데 드린 간구에 응답하시는 아버지 하나님의 절대적 주권에 의지한 결과였다(히 5:7). 그 연약함을 통해 예수님은 구원의 사역을 완수하셨다. 복음서는 이와 같은 '아래로부터의 선교'를 명백하게 보여주고 있다.

구약성경과 신약성경에도 '아래로부터의 사역'을 보여주는 여러 예가 기록되어 있다. 그중 몇 가지를 살펴보면, 출애굽기에서 모세는 미리암과 백성들이 부당하게 자신을 비난할 때 방어적으로 반응하거나 권력을 사용하여 보복하지 않는다. 그 대신에 하나님 앞에 엎드리기를 선택한다. 하나님의 다스리심에 자신을 맡긴다. 자신의 연약함을 감추거나 자기 힘과 지혜로 궁지에서 벗어나려 하지 않고 오히려 사람들의 비난과 폭력의 위험에 자신을 노출시킨다.

요한복음 24장에서 예수님은 베드로의 생애에 관한 예언을 하신다. 그가 젊을 때에는 자신이 계획한 대로 삶을 영위

할 것이라고 말씀하신다. 자신이 통제하는 자율적인 삶을 말한다. 그러나 늙어서는 다른 사람이 그를 띠로 묶어 원하지 않는 곳에 데리고 가게 될 것이라고 말씀하신다. 다른 사람에게 통제당하고 자신이 자기 삶의 주도권을 갖지 못하게 된다는 말씀이다. 이것은 베드로가 나이가 들면서 실패하고 미숙해진다는 뜻일까? 오히려 자신의 생명을 포함해 모든 것을 하나님의 손에 의탁하는, 영적으로 성숙해진 그의 모습을 말씀하시는 것은 아닐까?

사도행전에서 바울은 3차 선교 여행 후반기에 많은 사람이 만류함에도 불구하고 예루살렘으로 올라가기로 결정한다. 그곳에서 체포된 바울은 이후 4-5년간 특별히 괄목할 사역 성과가 없었다. 가이사랴 감옥에 갇힌 채 뇌물을 기대하는 부당한 권력자의 손아귀 안에서 무의미하게 세월을 낭비하는 것처럼 보인다. 나중에 로마로 갔지만, 그가 계획했던 로마 황제 앞에서의 전도는 이루어지지 않았다. 수감된 상태에서 복음을 전하기는 했지만, 그것은 힘있는 자의 증거는 아니었다. 죄수의 신분으로, 많은 권리가 제한된 자의 증거였다. 이후로 순교하기까지 상황은 비슷했다. 그러면 예루살렘에 올라가기로 한 결정은 바울의 실수였을까? 그는 사역 후반기에 잘못된 선택을 한 것일까?

세례 요한을 비롯한 성경의 많은 믿음의 선진들은 인생의 후반기에 그 사역이 결실을 맺고 빛을 발하기보다는 이전보다 연약하고 무력해 보이는 모습으로 사역을 마치는 듯하다. 그들 중 많은 이의 결국은 성경에 기록되어 있지도 않다. 그러나 그들은 끝까지 주님되신 그리스도를 충성스럽게 따른 자들이다. 하나님은 연약한 상태에 있는 그들의 마지막을 영화롭게 받아주셨다. 우리는 연약함을 피할 것으로 여기기보다는 연약함을 통해 그리스도를 따르며 섬길 수 있음을 기억해야 한다.

최근 코비드 19로 인한 팬데믹으로 교회의 선교 역량이 약화되고 선교지의 사역도 어려움을 겪으며 큰 변화를 맞이했다. 이전에 진행되던 숱한 사역이 중단되었고, 많은 선교사가 본국으로 돌아가야 했다. 한국 교회도 팬데믹 이후에 여러 형태로 도전을 맞고 있다. 교회에 출석하는 교인 수가 줄고 헌금도 줄었다고 한다.

이렇게 새롭게 부여된 사역 상황 속에서 여러 모양으로 마주하게 되는 자신의 연약함을 올바로 이해하며 받아들이는 것이 더욱 중요해졌다. 자신의 연약함을 회피하거나 덮어두기보다 오히려 적극적으로 드러내며 주님께 의지할 때, 질그릇 같은 우리 안에 담긴 보배되신 주님의 신비한 능력을 새롭게 경험하게 될 것이다. 연약함을 끌어안고 '아래로부터 섬기는' 사역과 선교를 하게 될 것이다.

6
나를 부르신 진짜 이유

1995년 1월, 우리 부부는 여섯 살인 요한과 세 살 반 된 다윗을 데리고 19개의 이민 가방을 챙겨 파송 교회가 있던 로스앤젤레스에서 선교지로 출발했다. 당시만 해도 독일 항공사 루프트한자는 우리가 선교사라는 말을 듣고 10개 이상 추가된 짐에 따로 운임비를 청구하지 않았다. 튀르키예(터키) 이스탄불 공항을 경유해 K국의 A공항에 도착했다.

우리의 중앙아시아 입국을 축하하듯 눈이 하얗게 쌓여 있었다. 아이들은 공항을 나오자마자 손 시려운 줄도 모르고 난생 처음 보는 눈을 만지며 신나했다. 치과대학 예과 1학년 말에 선교에 헌신한 후 17년 만에 마침내 선교지에 들어선 순간이었다.

당시 우리 단체의 현지팀 리더는 재키라는 60대 초반의 미국 여성 선교사였다. 그녀는 엄동설한에 '주굴리'(구소련 시대에 보급형으로 생산한 소형 승용차) 택시를 타고 우리가 예고한 엄청난 짐을 운반하기 위해 러시아제 트럭까지 대동해 300킬로미터가 넘는 눈길을 뚫고 B시에서 A공항으로 마중나왔다. 재키 선교사님은 우리 가족을 택시에 태우고는 자신은 트럭을 타고 가겠다고 했다. 자리가 좁으니 양보한 것이다. 영하 10도를 밑도는 날씨에 그럴 순 없다며 우리는 선교사님을 강권하여 함께 택시를 타고 갔다.

그러나 함께 마중나온 캐나다와 미국 출신의 두 형제 선교사는 트럭 짐칸에 타야 했다. 천막 한 겹만이 중앙아시아 대평원의 매서운 겨울 바람을 간신히 막아주는 트럭 짐칸에 앉아 다섯 시간 이상 걸리는 목적지 B시까지 먼 길을 가야 했다. 국제 선교회인 우리 단체에서 중앙아시아팀 최초의 한국인 가정이었던 우리 가족을 맞이하기 위해 베풀어준 사랑과 배려를 생각하면 지금도 마음이 뭉클해진다.

소속된 국제 선교단체의 규정에 따라 우리는 1년간 언어 연수에 전념했다. 그런 다음 B시 근처의 전통마을에서 무슬림 주민을 대상으로 구강보건 사업과 지역사회 개발 사역을 했다. 다른 한편으로는 한국에서 했던 것처럼 대학생 및 청년들을 모아 제자훈련을 했다. 선교사로서 사역의 열매를 많이 맺어야 주님이 부르신 목적에 진실하게 응답하는 것이라고 생각했기 때문이다.

사역이 진행되면서 이전에 세웠던 계획을 현지 상황에 맞추어 정비하기 시작했다. 앞으로 치과교육 병원을 설립할 계획까지 더해 이 나라 무슬림을 대상으로 하는 선교 전략도 세웠다. 이른바 'K 프로젝트'였다. 한국과 미국에 각각 K팀이라는 후원팀도 구성했다. 그야말로 혼신의 힘을 쏟아 부은 4년이었다.

그러나 제1기 사역 기간이 끝나갈 무렵, 내 마음은 한 동료 선교사에 대한 시기와 경쟁과 갈등으로 인해 지치고 황폐한 상태였다. 갈등을 해결하고 좋은 팀워크를 이루기 위해 새벽마다 함께 기도하는 등 서로 노력했다. 하지만 그럴수록 갈등은 커져만 갔다. 현지인의 구원을 위해 전념해도 부족할 판에 새벽에 일찍 일어나 다른 문제도 아닌 동료와의 갈등 해결을 위해 기도하고 있다는 사실에 오히려 마음이 무거웠다. 이것은 내가 꿈꾸던 사역자의 모습이 아니었다. 예수님의 제자로 살아가는 내 삶에 있어서는 안 될 일이었다.

좋은 선교사로 충성만 하고 싶었는데 왜 이런 일이 생긴 것일까? 도무지 답을 찾을 수 없었다. 예전에 선교학을 공부할 때, 선교사가 사역지를 떠나는 가장 큰 이유는 현지 환경의 어려움이나 현지인과의 관계 악화가 아니라 동료 선교사와의 갈등이라는 얘기를 듣고 이해가 안 되었다. 그런데 그런 일이 내게 일어나고 있구나 하는 자괴감이 들었다.

그 후 나는 안식년을 맞아 1년간 파송 교회가 있는 로스앤젤레스로 돌아가 선교학 박사과정에 들어갔다. 선교지에 들어가기 전에 풀러선교대학원에서 했던 공부를 이어서 한 것이다. 직업과 부르심에 대한 연구를 하던 학기에 지도교수인 로버트 뱅크스 교수님이 신간 한 권을 읽어보라며 내게 권해 주셨다.

오스 기니스의 『소명』*The Call*이었다.[6] 저자가 소명을 주제로 10여 년 연구한 끝에 이 책을 저술했다고 서문에 적혀 있어 관심 있게 읽기 시작했다. 그 책의 한 장에서는 그리스도인의 변하지 않는 근원적 부르심에 대해 말하고 있었다. 부르심을

---

6   오스 기니스, 『소명』(홍병룡 옮김, IVP, 2019).

받은 사람은 오직 하나님 한 분만을 관객으로 두고 그분만 기쁘시게 하기 위해 연기하는 배우가 되어야 한다는 내용이었다.

그 글을 읽을 때 주님은 내 인생과 사역의 객석을 보여주셨다. 하나님만 사랑하고 섬기겠다며 올라간 무대이지만 객석에 주님은 언제부터인가 계시지 않았다. 대신 그 자리에 파송교회, 선교단체와 후원자, 동료 사역자, 친구, 가족, 그밖에 내가 인정받고 싶고 기쁘게 해주고 싶은 사람들이 가득 차 있었다. 주님은 구석 자리로 밀려나셨다. 게다가 귀빈석에는 예상치 못한 자가 앉아 있었다. 바로 나였다. 처음 주님께 내 삶을 드리며 이제부터 주님만 사랑하고, 그 사랑만으로 만족하겠다고 약속한 기억이 났다. 주님께 죄송하고 부끄러워 차마 얼굴을 들 수 없었다. 도서관 한 구석에서 그 책을 읽는데, 참회의 눈물이 걷잡을 수 없이 솟구쳤다.

그동안 선교를 한다고 열심히 달려오면서도 몰랐던 하나님의 마음을 뼈저리게 깨달았다. 하나님을 참으로 기쁘시게 하는 것은 내가 하는 어떤 일이 아니었다. 하나님은 내 안에 있는 아들의 형상, 그리스도의 모습을 기뻐하신다. 하나님은 무슨 일을 해내는 일꾼으로 나를 부르신 게 아니었다. 당신이 사랑하시는 그런 사람이 되라고 나를 부르셨다. 나를 선교지에 부르신 것도 'K 프로젝트'의 성공을 위해서가 아니었다. 나를 아들의 형상으로 변화시키려는 이른바 'I 프로젝트'를 완성하기 위해서였다.

1999년 여름이 끝나갈 무렵, 제2기 선교 사역을 위해 사역지로 돌아올 때 내 안에는 한 가지 소원만 남았다.

"주님, 저는 어릴 때부터 경쟁과 성취가 뿌리박힌 삶을 살아왔습니다. 이번에 선교지에 들어가 혹시 또 주님 닮는 것과 사역의 성공 사이에서 선택해야 한다면, 꼭 주님 닮는 것을 선택할 수 있게 도와주세요."

그 부르심의 원칙을 지키려고 지금도 노력하고 있다. 그때 배운 부르심에 대한 올바른 이해 덕분에, 나는 여러 사역으로 분주한 삶과 다양한 관계 가운데서도 사역을 올바른 방향으로 설정할 수 있었다. 이전에 가졌던 시기와 경쟁, 교만과 좌절에서 자유로워졌다. 하나님이 직접 사역의 문을 열어주시고 나의 노력에 상관없이 사역에 기름을 부어주시는 것도 이때부터 경험하기 시작했다.

더 깊이 생각해보기: 근원적 부르심(소명)

역사적으로 교회는 '부르심'을 다양하게 이해해왔다. 중세의 로마가톨릭교회는 직업에 대해 이원론적이며 계급화된 이해를 가지고 있었다. 일반적으로 평신도가 생계를 위해 가진 직업은 차원이 낮은 세속적 부르심으로 여기며, 성직자나 수도사의 명상하는 삶이 보다 숭고한 부르심이라고 생각했다. 직업을 이른바 '영적인 것'과 '세속적인 것'으로 구분했다.

16세기에 들어 루터를 포함한 종교개혁자들은 직업에 귀천을 두는 것은 비성경적이라고 규정했다. 그리스도인들이 하는 모든 일은 역할이 다를 뿐이고 귀천이 없다고 주장하며 부르심의 평등성을 강조했다. 만인사제설도 이러한 생각에 바탕을 두고 있다. 그럼에도 불구하고 종교개혁자들은 여전히 성도의 부르심을 이해할 때, 직업을 포함해 '소명 환경'에 중점을 두었다.[7]

루터는 "진실로 이른바 평신도와 성직자, 왕과 주교들, '영

---

[7] Martin Luther, "An Open Letter to the Christian Nobility"(1520), C. M. Jacobs and A. T. W. Steinhaeuser trans (Philadelphia: The Muhlenberg Press, 1943), 16쪽 인용.

적인 것'과 '한시적인 것' 간에 차별이 있을 수 없다. 차이가 있다면 직분과 하는 일의 차이지 '계급(또는 신분)'의 차이는 아니다… 그들은 모두 같은 신분을 가졌기 때문이다"라고 말했다.[8] 종교개혁자들은 성도가 자기 직업을 통해 주님의 부르심을 이룰 수 있다는 가능성을 여는 데는 기여했다. 하지만 무엇이 그 일터를 하나님의 부르심을 따라 섬기는 현장이 되게 하는지에 대해서는 설명이 모호했다.

17세기의 청교도들은 직업에 임하는 영적 태도에 집중했다. 모든 직업은 공동의 선과 하나님의 영광을 위한 것이므로 그리스도인은 자기 직업에 신실하게 헌신적으로 임해야 한다고 이해했다. 근면하게 노력한 결과 대부분은 물질적 성공에 이르게 된다고 생각했다. 이러한 사상은 자본주의 사상의 기반이 되었다.

이렇게 직업 자체에 중점을 두고 부르심을 이해하다보니 종교개혁자들이 되찾으려 했던 직업 영성은 시간이 지날수록 오히려 그 목적과 방향을 상실하고 세속화되었다. 그리스

---

[8] Martin Luther, "An Open Letter to the Christian Nobility"(1520), C. M. Jacobs and A. T. W. Steinhaeuser trans (Philadelphia: The Muhlenberg Press, 1943), 16쪽 인용.

도인의 신앙적 부르심은 다시 직업에서 분리되었고, '세상 직업'과 '종교적 성직' 또한 다시 구별되기 시작했다.

평범한 일상을 살아가는 그리스도인 직업인들에게 신앙인으로서의 부르심과 일상의 직업을 성경적으로 이해하고 통합하는 것은 매우 중요한 일이다. 그렇지 않으면 삶과 신앙의 일치를 이룰 수 없기 때문이다. 실제로 일상에서 신앙을 지키려고 하는 많은 직업인이 세속의 직업과 거룩한 부르심 사이에서 갈등하며 고통을 겪고 있다. 고민하는 질문은 대개 다음과 같다.

- 내 직업이 하나님이 주신 소명을 이루는 데 방해가 되지 않을까?
- 직업은 생계 유지와 헌금을 위한 수단일 뿐일까?
- 직업은 자기 성취만을 위한 것일까?
- 그리스도인이 직업에만 충실해도 본질적으로 부르심에 순종하는 자가 될 수 있을까?

이러한 질문들에 올바로 대답하기 위해 우리는 성경이 말하는 부르심의 본질을 제대로 이해해야 한다. '어떻게 부르심을 따라 살 것인가'에 대한 올바른 대답을 찾기 위해서는, 성직자가 될 것인가 아니면 다른 세상 직업을 가질 것인가보다 더 근본적인 질문에 대답할 수 있어야 한다. 즉 '하나님은 우리를 누구에게로 부르셨는가? 무엇을 위해 부르셨는가?'에 대답해야 한다. 이것이 근원적 부르심$^{primary\ calling}$이다. 근원적 부르심은 그리스도인의 삶에 불변하는 방향성을 제시한다는 점에서 중요하다. 우리가 어떤 직업을 가졌든지, 어떤 가정과 사회 환경에 있든지 기본적이고 우선되는 부르심이다.

근원적 부르심에는 '소명의 핵심'과 '소명의 목적'이라는 두 가지 요소가 있다.

먼저, 소명의 핵심$^{vocational\ core}$은 하나님이 그분의 백성을 개인적으로 또는 공동체적으로 성부 하나님 자신과 성자 예수 그리스도에게로 불러주신다는 것이다(롬 8:29-30, 고전 1:9). 하나님은 우리를 거룩하고 정결하며 완전한 그분의 사랑 안에 거하도록 불러주신다. 또한 우리를 그분의 아들 예수에게로 부르신다. 그분의 제자가 되어 교제하고 그분의 고난에 동참하여 구유에서 십자가까지, 그리고 부활에 이르기까지 그분이 앞서 가신 참 생명의 길을 따르도록 불러주신다. 어떤 사역이나 일에 우선하여 하나님 자신에게로, 아버지와 아들이 함께하는 관계 속으로 우리를 부르신다.

둘째, 하나님은 명확한 목적을 가지고 우리를 부르신다. 믿음의 조상 아브라함을 부르실 때부터 오늘날까지 하나님은 우리를 불러 축복하실 뿐 아니라, 우리를 통해 세상을 축복하신다. 이 땅의 모든 민족이 우리를 통해 복을 받는 것이다. 이것이 소명의 목적$^{vocational\ purpose}$이다. 다시 말해, 하나님은 그분의 백성을 축복하기 위해, 즉 구원하고 영생을 주며 자유와 치유와 평화를 주기 위해 부르신다. 하나님 나라의 상속자로 우리를 부르신다. 그런데 하나님이 부르신 목적은 이러한 영적 축복을 주는 데서 끝나지 않는다. 그 목적은 세상을 축복하는 복덩어리로 우리를 만드시는 데까지 나아간다. 하나님께 축복받은 자로서 우리는 하나님과 세상 사이, 인간과 인간 사이의 깨어진 틈에서 화목하게 하는 사역과 파괴된 인간성과 세상을 회복하는 사역, 그리고 복음 전파를 통해 세상을 축복하도록, 세상의 모든 민족을 축복하도록 부르심 받았다.

우리의 직업이나 사회 경제적 환경, 심지어 가정 환경은 언제든 변할 수 있다. 그러나 위의 두 가지 요소, 즉 소명의 핵심과 소명의 목적은 모든 그리스도인에게 주어진, 변하지 않는 부르심이다. 성직자로 일하든, 선교사로 일하든, 다양한 세상 직업을 갖든, 가정에서 살림을 하든, 우리는 주님이 주신 다양한 소명 환경에서 근원적 부르심에 응답하며 살아야 한다. 어떤 일이나 사역을 성공적으로 성취하는 것보다 더 중요한 게 있다. 그 일을 통해 근원적 부르심에 순종하는 것이다. 즉 아버지 하나님을 알아가고, 아들 예수님을 따라가며, 성령의 능력과 도우심으로 세상을 축복하는 삶을 살아가는 것이다. 그리스도인의 소명에 대해 이러한 이해를 가질 때 우리는 교회, 가정, 직장, 지역사회 등 우리가 처한 모든 상황에서 우리를 불러주신 주님을 기쁘시게 하며 그분에게 영광 돌리는 삶을 살게 될 것이다.

7
이곳이 내가 있어야 하는 자리일까?

치과대학 예과 2학년 초, 나는 한 대학생 선교단체에 적극적으로 참여하기 시작했다. 이전까지는 학업과 취미 생활에 대부분의 시간을 보냈지만, 선교에 헌신한 이후로 일상이 완전히 달라졌다. 일주일에 한 번씩 캠퍼스 성경공부, 리더 모임, 전체 모임을 인도했다. 토요일과 주일에는 교회 대학부에서 활동했다.

본과에 올라가면서 학업량은 더욱 많아졌다. 실습 과목까지 합하면 19개의 과목을 들어야 했는데, 그중 한 과목만 낙제해도 1년이 유급되는 시스템이었다. 거의 매일 크고 작은 시험과 과제물이 있어 동료 학생들은 밤늦도록 도서관에서 공부하며 수업을 따라가고 있었다. 아침부터 저녁까지 꽉 찬 수업이 끝나면 도서관에서 다음 날 수업과 시험을 준비해야 했다. 그러나 일주일에 사나흘은 선교단체 모임이 있었기 때문에 저녁 시간이 되면 도서관을 나섰다. 다 하지 못한 공부는 밤 10시 이후 모임이 끝나고 집에 돌아가 다시 시작해 새벽까지 하곤 했다.

주님께 헌신한 자라면 마땅히 이렇게 해야 한다고 생각했다. 좋은 성적에 대한 미련은 없었다. 그러나 치과대 학생으로 있는 한 수업을 따라가기 위해 적잖은 시간과 에너지를 들여야 했다. 교회나 선교단체 모임에 가 있을 때면 헌신한 자로서 마땅한 자리에 있는 것 같았다. 그러나 동시에 다음 날 시험이 염려되었다. 한편, 도서관에 가서 앉아 있으면 주님께 헌신한 제자가 지금 여기서 시간을 보내는 것이 과연 올바른 일일까 회의에 빠져들었다.

"진정한 그리스도인으로서 내가 있어야 할 자리는 과연 어디일까?"

이 질문에 대한 올바른 대답을 찾기까지 마음속의 갈등은 계속되었다.

학교를 졸업한 후 김포공항 근처에 치과병원을 개업했다.

그동안 헌신하고 훈련받아온 선교단체의 대학생 사역 책임자로 섬기는 일도 함께했다. 은행에서 융자를 얻어 병원을 차릴 자리를 마련하고 의료 장비를 설치했다. 매월 치과에서 나오는 수입으로 대부금을 갚고 생활비와 사역에 필요한 경비를 채워야 했다. 그뿐 아니라 부모님이 사업하면서 진 빚을 갚고 캠퍼스 사역을 함께하는 동료 간사들도 지원했다.

이러한 필요를 다 채우려면 당연히 진료 시간을 늘려야 했다. 하지만 정작 환자가 많이 오기 시작하는 저녁 5시가 되면 일주일에 두세 번은 병원문을 닫고 대학생 사역을 위한 여러 모임에 가야 했다. "과연 이 달에도 대부금을 잘 갚을 수 있을까?" 하는 염려가 늘 있었다. 그리고 진료실에서 하루 종일 환자들과 씨름하다가 대학생 예배 집회나 성경공부 모임에 가서 사람들을 인도하려면 아주 딴 세상에 온 듯해 마음을 다잡기가 쉽지 않았다. 주님이 나를 치과의사로서 온전히 주님을 섬기라고 부르셨음을 확신했지만, 아직 일터와 사역 현장은 내 마음속에서 통합되지 못했고, 그 괴리감이 순간순간 갈등을 일으켰다.

치과병원에서 환자를 치료하고 직원을 관리하며 세금 문제를 고민하는 것은 영적으로 의미 있는 일일까? 부르심 받은 그리스도인이 꼭 해야 하는 일일까? 보다 중요한 영적 사역에 집중하려면 이런 일은 포기해야 하는 건 아닐까? 확실한 답을 찾지 못한 질문들이 마음속에 둥둥 떠다녔다.

선교지에 와서도 이러한 긴장과 갈등은 계속되었다. 선교지에서도 나는 치과병원에서 대부분의 시간을 보내고 있다. 수련의 교육, 직원 관리, 재정이나 행정 업무 등을 처리하다 보면 하루가 훌쩍 지나간다. 주일에는 교회에 가서 예배를 드리고 교회 자문위원으로 섬긴다. 주중에는 가정교회에서 성경공부를 인도한다. 신학교에서는 이사 자격으로 일 년에 몇 번씩 회의에 참석하기도 한다. 그러나 하루의 대부분을 치과와 집에서 보낸다. 시간을 재보면 치과에서 약 8시간, 집안일을 도우며 아내와 대화하고 멀리 떨어져 있는 아이들과 정규적으로 대화하는 데는 약 5-6시간을 보낸다. 개인적으로 쉬고, 친구를 만나고, 기도하고, 독서하는 시간도 가진다.

초임 선교사라면 언어와 문화를 습득하는 데 많은 시간을 보낼 것이다. 공개적으로 전도가 금지되어 있는 병원에서 치과와 관련된 일에 전념하며 대부분의 시간을 보내는 것은 선교사로서 올바른 일일까? 해야 할 사역이 쌓였는데 가족과 함께하는 시간을 양보하지 않는 것은 충성된 하나님의 일꾼에게는 너무 이기적인 일은 아닐까? 친구와 교제하고 가족과 휴가를 떠나는 것은 사치스러운 일이 아닐까? 충성된 사역자라면 보다 영적인 일에 더 많은 시간을 보내야 하는 게 아닐까? 바쁜 일상에서 짬이 날 때마다 이러한 질문이 불쑥불쑥 튀어나온다. 불편하지만 직면해야 하는 문제들이다.

더 깊이 생각해보기: 사역이 이루어지는 자리

많은 그리스도인은 진정으로 헌신된 제자가 되기 위해서는 자신이 살아온 평범한 일상을 떠나 선교지나 교회, 선교단체 등 특별한 곳에서 새로운 일을 하면서 살아야 한다고 생각한다. 그러다보니 자신은 현재 있는 곳에 그대로 머물러서는 안 된다는 막연한 부담감과 죄책감을 갖곤 한다. 그들에게 일상은 헌신한 그리스도인이 머물기에 적합하지 않은 이방 땅이기 때문이다. '헌신한 그리스도인이 부르심을 따라 살려면 어디에 있어야 할까'라는 생각을 자주 해본다.

우리가 있어야 할 곳은 교회나 성경공부 모임, 신학교 또는 기도원뿐일까? 가정이나 직장, 시장, 카페, 산책로, 음식점, 영화관, 쇼핑몰에서는 제자로, 그리스도인으로, 헌신한 자로 부르심을 따라 살 수 없는 걸까? 정말 그렇다면 일부 성직자나 전임 사역자만 제대로 부르심을 따라 산다고 할 수 있을 것이다. 교회 구성원의 절대 다수인 평신도들은 대부분의 시간을 직장일에, 학업에, 집안일에, 그 밖의 사회생활에 보내고 있고, 그래야 하기 때문이다.

아무리 신실한 그리스도인이라 해도 주일예배, 수요기도회, 새벽기도회, 성가대, 각종 소그룹 모임을 늘여가는 데는 한계가 있다. 이런 장소에서만 영적 의미를 찾을 수 있다면, 우리의 일상은 참된 그리스도인의 부르심에서 점점 더 멀어질 것이다. 영적인 삶을 살려면 일상을 소홀히 하거나 아예 포기해야 하는 지경에 이를 것이다.

우리의 일상을 구성하는 다양한 현장 활동과 생활이 부르심과 연결되고, 나아가 부르심을 이루는 필수 요소가 되어야 한다. 그때 우리는 비로소 삶 따로 신앙 따로가 아닌, 삶의 전 영역에서 하나님을 섬기는 진정한 그리스도인으로 살게 될 것이다. 직업이나 신분, 어떤 책임도 그 자체를 그리스도인의 소명과 동일시할 수 없다.

그리스도인의 부르심에는 다음 세 가지 차원이 있다.

- 근원적 부르심
- 부르심을 이루는 환경
- 부르심에 순종하는 우리의 열심

근원적 부르심에 대해서는 앞장의 '더 깊이 생각해보기'에서 자세히 다루었다. 부르심을 이루어가는 환경은 시간과 상황에 따라 변할 수 있다. 부르심에 순종하는 열심은 믿음과 사랑과 소망으로 나타난다. 우리는 변하지 않는 근원적 부르심을 항상 변화하는 삶의 현장에서 이루어가야 하는데, 이와 같이 주어진 삶의 현장을 '소명 환경'이라고 한다. 이에 대해 좀 더 자세히 나누어보겠다.

"주님께 헌신한 자가 어디서 진정한 영적 사역을 할 수 있을까?" 이는 부르심을 이루는 환경에 관한 질문이다. 한국 교회의 성도들은 헌신된 자라면 교회에서 더 많은 시간을 보내야 한다는 인식을 알게 모르게 주입받는 경우가 많다. 그것은 매우 소극적이며 내향적인 생각이 아닐 수 없다. 하나님이 우리에게 주신 부르심을 그분이 지으신 세상의 모든 영역에서 따를 수 있다는 것이 올바를 뿐 아니라 성경적인 생각이다. 직업은 부르심 그 자체는 아니다. 그렇다고 부르심을 방해하는 장애 요소도 아니다. 또한 직업은 더 중요한 사역에 쓰이는 도구도 아니다. 직업은 부르심의 중요한 요소이며, 부르심을 이루는 환경이자 현장이다.

신앙을 가진 직업인으로서 하나님의 부르심 안에서 자신의 직업이 갖는 올바른 위치를 이해하는 것이 중요하다. 그리스도인은 어떤 지위에 있든지 어떤 업무를 하든지 모든 일을 "주께 하듯" 해야 한다고 성경은 말한다.

> 무슨 일을 하든지 마음을 다하여 주께 하듯 하고 사람에게 하듯 하지 말라(골 3:23).

그것이 우리를 불러 각자의 가정, 직장, 지역 공동체, 신앙 공동체 등 구체적인 삶의 환경에 있게 하신 하나님을 대하는 올바른 태도다. 자신에게 부여된 일과 책임을 통해 주님이 부르신 목적을 완수해가는 자리는, 주님이 함께하며 일하시는 우리 삶의 모든 영역이 되어야 한다.

그 영역을 다음 네 가지로 나누고, 각 영역이 어떻게 사역 현장이 될 수 있는지 표 3에 요약해보았다.

표 3. 네 가지 주요 사역 현장 [9]

사역 현장	사역 요소	실제 예
일터	직업적 책임	- 직업 업무 수행 - 직업적 탁월성 유지
교회	복음 전도 사역	- 영적 은사 사용 - 교회에서의 각종 섬김 - 목회와 치리
가정	가족의 의무	- 가족 구성원에 대한 사랑, 돌봄, 지원 - 부모, 남편, 아내의 책임
지역 공동체	사회 봉사	- 자선 활동 - 사회 봉사 - 사회 변혁 활동 - 환경 보존 활동

우리의 소명은 일터에서는 다양한 직업적 책임을 다하는 모습으로, 교회에서는 각종 사역의 임무로, 가정에서는 가족 구성원에 대한 사랑과 돌봄과 지원으로, 그리고 지역 공동체

---

[9] 문누가, "한국교회의 전문인 선교신학을 추구하며"(인터서브코리아, 2004), 101쪽.

에서는 다양한 사회 봉사와 환경 보전의 모습으로 표현된다. 영적 관점에서 이러한 성과 속, 종교와 세상, 성직자와 평신도 사이에 위계적 차별은 존재하지 않는다. 우리는 이 모든 곳에서, 이 모든 일을 통해 주님을 섬기며 그분의 부르심을 이루어 가기 때문이다.

그리스도인의 삶에서 소명 환경은 크게 이 네 가지 영역, 가정, 교회, 직장, 지역 공동체로 나누어 볼 수 있다. 소명 환경은 한 사람의 삶에서 변화될 수 있는 부르심의 요소다. 이러한 환경은 누군가에게는 평생 지속되지만, 현대 사회에서 환경의 변화를 겪지 않는 사람은 오히려 드물다. 하나님은 우리에게 특정한 시간에 특정한 소명 환경을 허락하시고, 변치 않는 근원적 부르심으로 우리를 들어 쓰신다.

목회자든 선교사든 직장인이든 사업가든 소명 환경은 하나님의 부르심을 구성하는 중요한 일부이지만 소명 자체는 아니다. 우리에게 주어진 소명 환경, 즉 가정과 교회와 직장과 지역 공동체에서는 우리가 예측하는 일뿐 아니라 예상치 못한 일들이 일어난다. 그중에는 좋은 일도 있지만 사고나 질병, 위기, 관계 파탄 등도 흔치 않게 일어난다. 그래서 왜 신자의 삶에 그런 일이 일어나는지 이해하지 못하며 신앙의 방향을 잃고 좌절하기도 한다.

그러나 하나님의 변하지 않는 근원적 부르심의 목적을 안다면, 그 모든 일을 통해 하나님을 더욱 깊이 알고, 예수 그리스도를 닮아가게 될 것이다. 하나님이 우리를 위한 계획을 이루시고, 세상을 축복하고 구원하는 일에 우리를 들어 쓰고 계심을 이해하기에 우리는 더욱 견고히 부르심의 터 위에 서게 될 것이다.

2부 •

일상에서
제자 삼기

1
보이지 않는 사역의 열매

K국에 들어와 언어 습득을 마치자마자 시작한 첫 번째 치과 프로젝트는 전통 무슬림 마을 학교에서 진행한 구강보건 사업이었다.

내가 살던 수도 B시에서 차로 한 시간 거리에 위치한 작은 T산골마을은 외부인의 출입이 매우 드문 폐쇄적인 곳이었다. 이 마을에는 1학년부터 11학년까지 130여 명의 학생이 다니는 학교가 하나 있었다. 구소련 시대에 지어져 겉모습은 낡고 허름했지만 집집마다 한 명 이상의 자녀를 이 학교에 보냈다. 교사들도 모두 마을 주민이라 학교는 실제로 이 마을의 중심 역할을 하고 있었다. K국이 구소련에서 독립한 지 얼마 안

된 시기여서 그런지 학교 책임자는 무슨 사안이든 스스로 결정하지 못했다. 더구나 외부인과의 접촉을 극도로 조심스러워했다. 다행히 마을 주민과 학교 관계자들은 큰 두려움이나 거부감 없이 우리를 맞이했다. 네팔에서 수십 년간 사역했던 미국인 외과의사 칼 프리데릭 선교사의 조언에 따라 먼저 이 나라의 보건성에 프로젝트 허락을 받고, 그 지역 교육청의 추천으로 이 마을의 학교를 시범 학교로 선정한 덕분이었다.

처음에 학생들을 대상으로 구강보건에 대한 기본 지식과 올바른 잇솔질 교육, 무료 진료로 시작한 사업은 마을 주민의 큰 호응을 얻었다. 그후 마을 주민 대상의 보건교육과 농업 개발, 수자원 개발, 소규모 대부 사업으로 사역이 확장되었고, 점차 마을 전체를 대상으로 하는 지역사회 개발 프로젝트로 성장해갔다. 각각 치과의사와 간호사인 우리 부부 두 사람으로 시작한 사업은 여러 나라에서 온 전문가와 현지인 동역자들이 합류하면서 10여 명의 규모 있는 팀을 갖게 되었다. 팀은 산부인과 의사, 약사, 엔지니어, 교육가 등 여러 분야의 전문가로 구성되었다. 우리 팀은 매주 한두 번씩 마을을 정기적으로 찾아갔다. 한번 방문할 때마다 사전에 사나흘간 철저하게 준비 작업을 했다.

사업이 수년간 지속되면서 마을 주민과의 관계가 돈독해지고 사업의 성과도 자라갔다. 그러나 이슬람 전통의 마을 주민들이 예수님을 믿기란 너무나 아득한 일로 보였다. 그들에게 '예수는 러시아인의 신'이라는 인식이 워낙 뿌리깊게 자리 잡고 있었기 때문이다. 이들이 예수님을 믿는 것은 곧 자기 민족을 등지고 배교한다는 뜻이었다. 혹시 누군가가 예수님을 영접한다면, 그는 가족과 이웃에게 따돌림을 당하고 마을에서 쫓겨나는 것까지 감수해야 했다. 그런 이유로 마을 주민 중에 주님께 마음이 열린 사람이 몇 명 있었지만 믿음의 결단을 하는 사람은 2년이 지나도록 단 한 명도 없었다. 나중에라도 그런 사람이 나오기는 어려울 듯 싶었다.

차츰 팀원들 한 사람 한 사람의 마음에 이런 질문이 생기기 시작했다.

"주님, 우리는 이들에게 복음을 전하기 위해 이 프로젝트를 시작했습니다. 그러나 수년이 지난 지금도 이들이 믿음을 갖기는 어려워 보입니다. 그런데도 이 프로젝트를 계속해야 할 이유가 있을까요?"

막막해하는 우리에게 주님은 이렇게 대답하셨다.

"그러면 너희가 하고 있는 이 일 외에 이 사람들에게 하나님의 사랑을 실천하며 복음을 전해줄 더 좋은 방법이 있느냐? 그런 게 없다면 지금 허락된 일에 최선을 다해라."

내가 안식년으로 떠나 있을 때, 한번은 마을이 발칵 뒤집히는 소동이 일어났다. 한 단기 선교팀이 우리 팀원 중 한 명의 소개로 T마을에 일주일간 머물면서 문제가 생긴 것이었다. 그동안 단기 선교팀이 마을을 다니며 거리에서 찬양을 하고 중보기도도 했다고 한다. 게다가 영어로 'Mission'미션이라는 문자가 새겨진 단체 티셔츠까지 입었다고 한다. 그 광경을 본 한 마을 주민이 "이들은 우리를 개종시키려고 들어온 선교사들이다. 이들을 소개한 사람도 다 한편일 테니 마을에서 쫓아내야 한다"며 소동을 피웠다.

곧이어 전 주민이 참석한 마을회의가 학교에서 열렸다. 학교 교장을 비롯해 많은 사람이 우리 팀원들을 가리키며 "이자들은 선교사가 분명하니 우리와 함께 일할 수 없다"고 목소리를 높였다. 마을 주민들은 술렁거렸다. 그때 마을의 원로 한 분이 일어나 이렇게 말했다.

"이들은 아무도 돌아보지 않던 우리 마을에 비가 오나 눈이 오나 한결같이 와서 우리를 진심으로 도와주었소. 설령 이들이 선교사라고 하더라도 우리는 계속 이들과 함께 일할 것이오."

다행히 마을 주민들이 원로의 말에 동의했다. 덕분에 우리 팀은 그 마을에서 2년을 더 일할 수 있었다.

하지만 그런 일이 있고 나서도 이 마을에서 신자는 생기지 않았다. 우리 팀은 하나님이 다른 마을에 선교의 문을 여실 때까지, 이 마을에서 충분히 일했다는 마음을 주실 때까지, 순종하는 마음으로 사업을 계속 이어갔다.

몇 년 후, T마을 학교 졸업생 두 명을 우연히 만났다. 그들은 수도에 있는 대학에 진학해 거기서 복음을 듣고 예수님을 믿게 되었다고 했다. 혹시 가족에게 반대나 핍박을 받았는지 물어보았다. 한 명은 그렇다고 대답했지만, 다른 한 명은 큰 반대가 없었다고 했다. 수년간 사역을 해도 눈에 보이는 결신자는 얻지 못했지만, 주님은 우리의 섬김을 통해 마을 주민들이 알지 못하는 사이에 복음에 서서히 마음을 열게 하신 것이다. 그리스도인에 대한 뿌리깊은 오해와 적대감이 누그러졌다. 나중에 만난 그 마을 출신의 두 대학생은 오랜 기다림과 인내가 가져다준 작은 열매가 아니었을까?

더 깊이 생각해보기: 선교의 가시권을 넓혀주는 엥겔 지표

이슬람권처럼 복음에 적대적인 환경에서 사역할 경우, 눈에 보이는 전도의 열매를 단기간에 보지 못해 갈등하는 선교사가 많다. 10년, 20년이 지나도 변화의 기미는 보이지 않고 사람들의 마음은 영적으로 굳게 닫혀 있기에 처음에 조급했던 마음은 점차 좌절로 바뀌어간다.

오늘날 세계적으로 복음을 듣지 못한 사람들은 대부분 이슬람권이나 힌두권, 공산권같이 복음에 적대적인 환경에서 살고 있다. 이들은 우리가 선교할 대상의 대다수를 차지한다. 따라서 우리의 수고와 노력이 어떤 영적 결실을 맺고 있는지 평가하기 위해서는, 결신자 수와 개척 교회 수 등 가시적 영역뿐 아니라 비가시적인 영역에서의 진전과 결과를 볼 수 있는 안목이 필요하다. 어두운 밤에는 아무것도 보이지 않지만 적외선 투시경을 쓰면 안 보이던 것이 보이기 시작한다. 마찬가지로 선교를 바라볼 때에도 비가시적 성과를 볼 수 있는 투시경이 필요하다. 선교학자 제임스 엥겔 James R. Engel 은 엥겔 지표를 통해 이러한 선교 투시경을 제공한다.

엥겔의 '과정으로서의 제자 삼기'[10]

선교학자 엥겔은 그의 저서 『현대 기독교 커뮤니케이션』에서 당시 교회 전도가 지닌 제한적 경향을 지적했다. 대형 전도 집회와 여기에서 이루어지는 구원으로의 초대 및 개인적 결단이 마태복음 28장 19-20절에서 교회에 주어진 지상명령을 가장 효과적으로 수행하는 방법이라고 교회는 생각했다. 엥겔은 "가서 모든 민족을 제자로 삼[으라]"마 28:19는 지상명령을 교회에 주어진 과업으로 진지하게 여기면서 "제자를 삼는다는 진정한 의미가 무엇인가?"라는 질문을 던진다. 다시 말해, 언제 한 사람이 진정한 제자가 되는지 묻는다.

당시 많은 사람은 전도는 하나의 '사건'이며 한 사람이 개인 전도나 전도 집회 또는 미디어를 통해 복음을 듣고 영접하는 순간 일어난다고 이해했다. 그러나 엥겔은 한 사람이 예수님의 참된 제자가 되는 것은 대부분의 경우 그가 영접하는 순간에 일어나는 사건이 아니라, 그가 믿기 전부터 시작되어 믿게 된 후에도 평생에 걸쳐 일어나는 지속적인 '과정'이라고

---

10 James F. Engel, *Contemporary Christian Communications: Its Theory and Practice* (Nashville, NY: Thomas Nelson Publishers, 1979).

주장한다. 즉 제자가 된다는 것은 복음으로부터 멀리 떨어져 있던 한 사람이 복음에 관심을 갖기 시작해 예수님을 영접하고 평생에 걸쳐 그분의 형상을 닮아가는 부단한 과정이라는 것이다.빌 1:6 따라서 모든 민족을 제자로 삼으라는 지상명령도 한 번에 완성되는 것이 아니라 완성을 향해 가는 과정에 있다고 본다.엥겔 1979:66

엥겔은 위의 주장을 근거로 제자 삼는 과정에 대해, 또한 한 사람이 예수님의 제자가 되는 과정을 -8에서 +3까지의 지표로 요약했다.[11] 그 과정을 도표로 표시하면 다음과 같다.

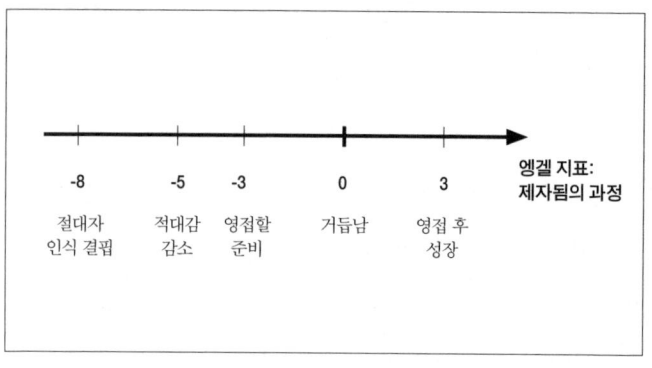

---

11 물론 엥겔은 갑작스러운, 점진적인, 무의식적인 회심 등 여러 형태의 믿음으로의 결단이 가능하다고 보았다(1979:68-69). 그중에서도 점진적 회심이 가장 보편적이라고 보았다.

지상명령의 보이지 않는 열매

엥겔은 제자가 되는 과정의 지표를 -8, 즉 '절대자에 대한 인식 결핍' 상태에서 시작한다. 그러나 내가 사역하고 있는 중앙아시아의 토착민은 이슬람 배경을 가진 민족이며, 절대자에 대한 인식은 있지만 복음에 적대적이다. 이들뿐 아니라 오늘날 남아 있는 미전도 종족의 대부분인 무슬림과 힌두교도, 공산주의 무신론자가 복음에 적대적인 상황에서 살고 있는 경우가 많다. 그래서 나는 엥겔 지표에 다음 도표와 같이 '복음에 적대적인 단계'인 -10을 추가하고자 한다.

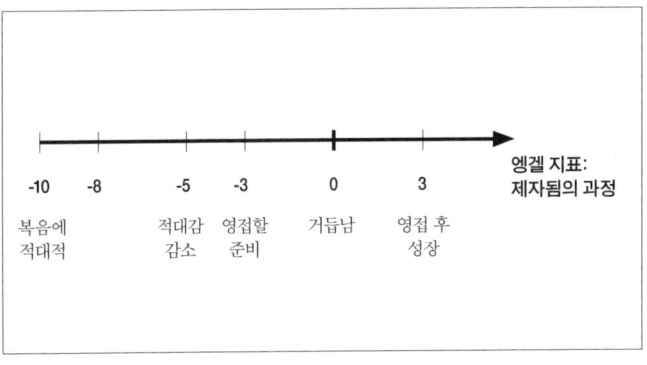

이 과정을 보면서 또 하나의 질문을 하게 된다. 어떤 사람

이나 그룹이 복음에 적대적이었다가(-10) 주변의 그리스도인이나 그리스도인 공동체의 선한 행위 또는 증거를 통해 복음에 대한 적대감이 감소한(-5) 경우에는, 눈에 보이는 결신의 열매가 없더라도 지상명령을 수행하여 제자로 삼는 사역을 수행했다고 볼 수 있는가 하는 것이다.

다음 도표에서는 한 사람이 영적으로 변화되는 단계를 사선으로 표시해보았다.

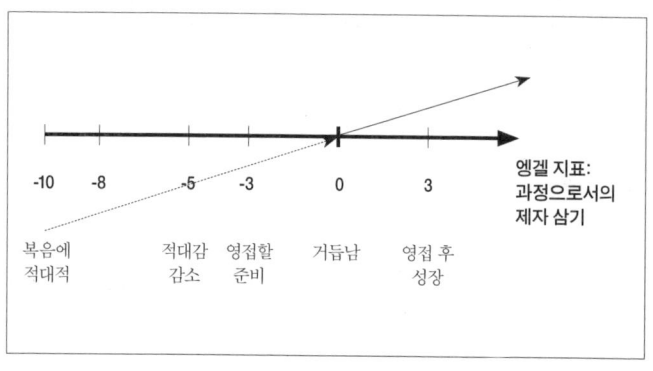

-10에서 0까지의 점선은 외관상 보이지 않는 비가시적 영역에서 일어나는 변화를 나타낸다. 반면에 0 이후의 실선은 눈으로 볼 수 있는 영적 성장을 나타낸다.

엥겔 지표는 0 이하의 마이너스 영역의 비가시적 영적 변화 단계의 사역에 대해 다음과 같이 설명한다. 즉 복음으로부터 멀리 떨어져 있던 사람들이 그리스도인의 증거를 통해 복음의 진리를 깨닫고 복음에 가까워지고, 그로 인해 나중에라도 점차 그리스도를 영접하는 단계로 나아가게 된다면, 그 사역은 성공적인 제자 삼는 과정이라는 것이다. 영접 이전에 내면의 영적 발전은 눈에 보이지 않게 이루어지지만, 제자 삼기의 연속선상에 있는 필수 과정이다. 그 과정을 무시한 채 눈으로 확인할 수 있는 결신자 수로만 사역의 성공 여부를 판단한다면, 지상명령 수행을 정확히 평가할 수 없을 것이다.

엥겔 지표는 비가시적 영역에서 익어가는 영적 열매를 볼 수 있는 시각을 제공한다. 당장 눈앞에 보이는 열매가 없더라도, 복음으로부터 멀리 떨어진 사람들에게 지속적으로 소망을 품고 다가가 사랑으로 섬기며 복음을 증거할 수 있는 기반을 제공한다.

2
관계로 제자 삼기, 성공일까 실패일까?

1995년, K국에 들어와 많은 현지인을 만나고 사귀었다. 대부분은 1-2년 이하의 짧은 만남에 그쳤지만, 20년 넘게 관계를 유지해오는 사람도 있다. 이들과의 만남은 계획한 일을 통해 이루어지기도 했고, 하나님의 인도하심으로 뜻밖에 시작되기도 했다. 어디서 누구를 만나든 그 모든 관계를 통해 주님의 사랑과 복음이 전해지기를 기도하며 노력했다. 그러나 실제로 바람이 이루어졌는지는 한마디로 평가할 수 없는 경우가 많다. 이 장에서는 K국에서 만나 오랫동안 우정을 나누어 온 두 사람을 소개하며 관계 형성을 통한 제자 삼기에 관해 얘기해 보려고 한다.

로자

우리 부부가 로자를 처음 만난 것은 27년 전으로 거슬러 올라간다. 로자는 아내의 첫 번째 K국 언어 교사였다. 그녀는 정직하고 자기 민족을 많이 사랑한다. 우리는 언어 교사와 학생 사이로 만났지만 금세 친해졌다. 로자의 부모님이 사시는 시골집에 함께 방문하면서 우정이 더욱 깊어졌다. 지금은 고인이 된 로자의 부모님은 우리 부부를 가족과 다름없이 대해주셨다.

우리가 만난 지 2-3년이 지난 어느 날, 로자는 간밤에 내 꿈을 꿨다고 말했다. 내가 높은 곳에서 자기를 끌어 올려주려고 했다는 것이다. 꿈 얘기를 들은 로자의 어머니는 이렇게 말씀하셨다고 한다.

"아무래도 아이벡(나의 현지 이름)이 하는 말을 귀담아 듣는 게 좋겠구나."

그 후로 로자는 마음의 문을 열고 나와 함께 약 1년간 구도자 성경공부를 했다. 그리고 1998년 5월, 마침내 예수님을 영접했다. 로자는 기쁘게 새로운 신앙을 받아들였다. 성경공부를 하면서 미래가 불투명한 자기 민족에 대한 소망을 찾았다고 했다. 다음 달인 6월에는 우리 부부의 첫 번째 안식년이 시작되었다. 그래서 우리는 로자와 함께 몇몇 교회를 돌아본 후, 마음에 들어하는 교회로 그녀를 연결해주고 나서 안식년을 떠났다.

1년간의 안식년을 마치고 돌아오니 로자가 우리를 반갑게 맞이해주었다. 그런데 어찌된 일인지 교회에는 출석하지 않고 있었다. 무슨 일이 있었는지 물어봐도 처음에는 얘기하려 하지 않았다. 한참 후에야 로자가 마음의 상처를 입고 교회에 가지 않게 된 사실을 알게 되었다. 우리가 떠나고 나서 한동안은 교회를 잘 다녔다고 한다. 그런데 그 교회의 한인 선교사가 설교 중에 K국의 문화를 비하하는 발언을 하는 바람에 발길을 끊게 된 것이었다.

내가 설득하여 서너 달 동안 함께 다른 교회에 출석해보았지만 한번 닫힌 마음의 문은 좀처럼 열리지 않았다. 계속해서 교회 출석을 강권하면 오히려 반발심이 생길 것 같아 가만히 곁에서 지켜보기로 했다.

로자는 지금까지 20년 이상 나를 친오빠처럼 여기며 가족 같은 관계를 이어오고 있다. 나의 기도제목에는 늘 로자가 들어 있다. 로자도 어려운 일이 있을 때마다 내게 기도를 부탁

한다. 지금은 기독교와 그리스도인에 대한 반감은 가지고 있지 않다. 그럼에도 여전히 스스로 교회에 출석하지는 않고, 예수님을 믿느냐고 물으면 그저 웃기만 한다.

바크라

닥터 바크라는 2001년 박애치과수련센터에서 1기로 졸업한 의사 중 한 명이다. 졸업 후 20년이 넘도록 K국 치과계의 발전을 위해 함께 일해온 신실한 파트너이기도 하다. 지금은 우리가 2008년에 설립한 최초의 비즈니스형 병원 카스치과의 원장으로 있다.

바크라는 자기 민족을 지극히 사랑하는 민족주의자다. 우리 팀이 K국의 열악한 치과 수준을 향상시키기 위해 현지 치과 전문인 교육을 목표로 한다는 것을 알게 된 후로 그는 내내 우리와 함께하고 있다. 다른 치과병원에서 더 좋은 조건으로 스카웃을 제시해도 거절하고, 오랜 세월 중요한 파트너로 기둥 같은 역할을 해오고 있다.

우리 치과에서 근무한 지 2-3년 정도 지났을 무렵 바크라는 이런 질문을 했다.

"이 치과에서 계속 일하려면 꼭 그리스도인이 되어야 하나요?"

나는 그가 질문하는 이유를 잘 알고 있었다. 그는 독실한 무슬림은 아니었지만 가족을 포함해 주변 사람들 대부분이 이슬람교 배경을 가지고 있었다. 그래서 우리와 같은 목표를 가지고 함께 일하려면 기독교로 개종해야 하는지 물었던 것이다. 나는 주저없이 그렇지 않다고 대답했다. 하나님이 원하시는 것은 치과 사역을 통해 사람들에게 믿음을 강요하는 것이 아니기 때문이었다.

참된 신앙은 어떤 경제적 이익이나 사업 조건을 내세워 강요할 수 있는 게 아니다. 우리가 치과 사역을 하며 세웠던 선교 목표도 전 직원을 그리스도인으로 고용하는 것이 아니라, 이 나라에 하나님의 사랑과 공평과 정직을 나타내는 데 있었다. 그 과정을 통해 설령 기독교 신앙이 없는 직원이라 할지라도 복음에 좀 더 가까워지고 하나님 나라에 대한 소망을 갖게 되길 우리는 바랐다.

어느 날 바크라는 원인을 알 수 없는 급성 좌골신경통으로 갑자기 걷지 못하게 되었다. 전문의에게 물어도 원인을 알지 못한다고 했다. 며칠이나 고생하는 모습을 보며 몹시 안타까운 마음이 들었다. 그래서 그에게 혹시 내가 기도해주기를 바라는지 물었다. 그의 동의를 받고 우리는 병원 내 조용한 장소로 갔다. 그곳에서 나는 바크라의 병이 낫기를 예수님의 이름으로 간단하게 기도했다. 놀랍고 감사하게도 이튿날 바크라는 말끔히 나아 출근할 수 있었다.

20년 이상 함께 일하는 동안 우리 병원에 닥친 크고 작은 어려움을 바크라도 잘 알고 있을 것이다. 우리를 음해하려는 사람들이 보건성에 투서를 보내 병원문을 닫을 뻔한 적도 있었고, 두 차례의 혁명을 겪으며 병원 운영이 심각한 위험에 처하기도 했다. 위기가 닥칠 때마다 나는 가까운 병원 직원들에게 이렇게 말하곤 했다.

"내게는 이런 문제를 해결할 능력이 없어요. 하지만 믿는 자로서 늘 하나님께 기도하고 있어요. 주님이 길을 보여주실 겁니다."

바크라는 그 모든 과정을 지켜보며 하나님이 참으로 우리 병원을 도우시고 지켜주심을 경험했다.

한번은 바크라가 다른 한 의사와 함께 수도 A시에서 열리는 치과 세미나에 강사 초청을 받아 가게 되었다. 그때 그가 동행한 의사에게 이런 말을 했다고 한다.

"닥터 문의 기도는 하나님이 정말 잘 들어주세요. 내가 그것을 확실히 보았어요."

바크라는 자신이나 가족이 아플 때 내게 거리낌 없이 기도를 부탁한다. 기도에 대해서만큼은 누구보다 확실한 믿음을 가지고 있는 것 같다. 그동안 기회가 있을 때마다 복음을 전했기 때문에 복음이 뭔지는 바크라도 잘 알고 있을 것이라고 본다. 하지만 복음에 대한 지식이나 이적 체험이 아직은 그를 믿음으로 결단하는 데까지 데려가지는 못한 것 같다. 그럼에도 그는 여전히 내가 가장 신뢰하는 사업 파트너다. 개인적으로도 가장 가까운 현지인 친구 중 한 명이다. 나와 아내는 바크라가 주님이 이곳에서 우리에게 허락하신 특별한 가족이라고 생각한다. 그가 언제 믿음을 갖게 되는지는 알 수 없다. 조급해하고 안타까워한다고 해서 해결될 일도 아니다. 다만 그를 우리의 삶으로 이끌어주신 주님이 그를 향한 구원의 계획을 이루실 날을 기대하며 간구할 뿐이다.

더 깊이 생각해보기: 소망을 주는 시각

우리 치과 프로젝트에 속한 세 군데의 병원에는 40명 가까운 현지인 직원들이 근무하고 있다. 그중 몇 명을 제외하고 대부분은 아직 예수님을 받아들이지 않았다. 그렇다면 지난 20여 년간 치과병원에서 일해온 20여 명의 장·단기 사역자의 수고와, 지금도 함께 일하고 있는 장기 사역자 네 가정의 복음 증거를 위한 노력은 과연 헛된 것일까? 선교 성과를 단순히 결신자의 수로만 판단한다면 그럴지도 모른다. 그런데 선교 성과를 결신자 수로만 판단하는 시각은 과연 옳은 것일까?

교회 성장학 분야의 스승이라고 할 수 있는 풀러선교대학원의 맥가브란 박사는 이렇게 말한다.

"선교란 믿지 않는 사람들에게 복음을 전하고 권면하여 교회의 책임 있는 구성원이 되도록 하는 것이다."

그는 다양하게 진행되어온 선교 성과를 실용적으로 단순하고 명백하게 정리했다. 이러한 정의는 선교 성과를 눈에 보이도록 객관적으로 평가해 선교 정책에 분명한 방향을 제시해주었던 것이 사실이다.

하지만 선교를 통한 하나님 나라의 확장은 그렇게 눈에 보이는 성과만으로는 판단할 수 없다. 예를 들어 '십자가에서 죽으심'으로 마친 예수님의 지상사역은 교회성장학의 관점에서 어떻게 평가할 수 있을까? 예수님이 십자가에서 돌아가셨을 당시, 과연 몇 명의 제자들이 여전히 예수님을 따랐으며 신앙 공동체의 책임 있는 구성원으로 남아 있었을까? 교회가 세워지고 제자들이 교회의 책임 있는 구성원과 증인이 된 것은 예수님이 승천하시고 약속대로 성령이 강림한 후에 일어난 일이라고 성경은 기록하고 있다. 또한 예수님을 장사지내기 위해 무덤을 준비한 아리마대 사람 요셉과 유향과 몰약을 준비한 니고데모 같은 사람은 어떻게 보아야 할까? 이들같이 드러내지 않고 믿었던 사람들은 교회성장학의 틀로는 충분히 설명하거나 제대로 평가하기 힘들다.

그렇다면 선교 사역을 보다 포괄적이며 신뢰할 수 있게 평가할 수 있는 기준은 무엇인가? 회심과 같은 가시적인 사건 이전에 비가시적 영역에서 이루어지는 영적 진보를 식별하고 객관적으로 계량화할 수 있는 평가틀이 필요하다. 영적 진보는 한 사람의 마음속에서 일어나는 일이므로 산술적으로 계산하기가 어렵다. 그러나 그 과정을 평가할 수 있는 개념의 틀을 포기해서는 안 된다. 선교의 방향이 달라질 수 있는 매우 중요한 과제이기 때문이다. 앞장에서 소개한 바와 같이 선교학자 엥겔은 전도에 대한 이해와 전도 과정을 설명하는 지표를 제안함으로써, 이러한 선교 성과의 평가틀을 마련하는 데 중요한 통찰력을 제공해주었다.

엥겔 지표에서 로자와 바크라, 그밖에 다른 치과 직원들은 어디에 위치할까? 지난 20여 년 동안 그들은 과연 복음 쪽으로 한 걸음 더 나아갔을까? 그것은 선교에서 중요한 의미를 가질 수 있을까?

확실히 영적 진보를 보이는 사람이 있다. 그런가 하면 영적 결단이 있기 전에 복음에 적대감을 더욱 완강하게 보이는 사람도 있다. 회심 전의 바울을 그러한 예로 들 수 있다. 그는 다메섹 도상에서 예수님을 만나기 전에 복음과 그리스도인에 대한 적개감이 더욱 넘쳐났다.

이와 같이 비가시적 영역에서 진행되는 영적 과정은 오직 성령만이 아시는 영역이라고 할 수 있다. 이 점이 복음을 전하는 우리의 믿음과 소망, 사랑과 인내가 요구되는 부분이다. 언제 예수님을 믿고 진리 가운데 설지 예측할 수 없는 사람들을 5년, 10년, 아니 20년이 지나도록 포기하지 않고 지속적으로 사랑하며 섬기려면 보이지 않는 영적 진보를 볼 수 있는 영적 시각이 필요하다. 그러한 영적 시각을 갖게 해주는 것이 믿음이고 소망이며 사랑이다. 회심 후 평생을 이방인 선교를 위해 살았던 사도 바울은 이렇게 권면했다.

> 선한 일을 하다가 낙심하지 맙시다. 포기하지 않는다면 반드시 거둘 때가 올 것입니다(갈 6:9, 현대인의성경).

우리가 사역하는 기간 내에 추수 때가 올 수 있다. 그러면 그 열매를 보고 거두는 기쁨을 누릴 것이다. 추수 때는 우리가 사역을 마치고 이 땅을 떠난 후에 올 수도 있다. 그러면 먼 훗날 주님의 보좌 앞에서 그 열매를 보게 될 것이다. 주님의 사랑과 구원에 대한 믿음이 오늘도 우리가 관계 맺고 있는 사람들을 소망으로 바라볼 수 있는 힘이 된다.

3
불신자도 제자로 삼을 수 있을까?

지금까지 수많은 장·단기 사역자들이 우리 치과병원을 거쳐 갔다. 그들은 오전 8시 30분에서 오후 5시 30분까지 치과의사, 위생사 혹은 기공사로 각자의 전문 분야에서 현지인 직원들을 가르치고 도우며 하루하루를 바쁘게 지냈다. 그들은 다른 사역에 비해 우리 병원의 업무가 '빡세다'며 불평 아닌 불평을 하곤 했다. 실제로 다른 기관에서 일하는 선교사들에 비해 우리 병원 사역자들의 업무량은 상당한 편이다. 진료뿐 아니라 보건교육과 사회봉사 등 많은 일을 현지인 직원들과 함께 하기 때문에 하루 일과를 제시간에 마치려면 뛰어다녀야 할 정도다. 그렇다고 병원 내에 기도회나 직장인 예배가 따로 있는 것도 아니다. 많은 업무를 하느라 눈코 뜰 새 없이 하루를 보내다보면 과연 직장에서 제자 삼는 것이 가능한 일인지, 선교사로 제대로 사역하고 있는 것인지 가끔 회의가 들기도 한다.

나는 하루의 대부분을 병원에서 현지인 직원들과 보내고 있다. 그들은 대부분 그리스도인이 아니며 스스로 무슬림이라고 생각하는 사람도 많다. 정도의 차이는 있지만 그들의 마음속에는 교회나 복음에 대한 오해와 적대감이 깊게 자리잡고 있다. 이 점이 바로 내가 병원에서 직접 전도하거나 성경공부하는 것을 부적절하며 비효과적이라고 보는 이유다.

그럼에도 자주 마음속에 떠오르는 불편한 질문이 있다.

'나는 사역지인 이 병원에서 과연 지상명령에 순종할 수 있을까?'

사역 초반만 해도 근무 외 시간에 얼마든지 '제자 삼기'를 할 수 있을 것이라고 생각했다. 병원 일을 마치고 추가로 하는 사역 말이다. 병원 일은 장기 체류 비자를 얻고 현지에서 신분을 확보하는 명분이라고, 개인 전도의 기반을 마련하고 관계를 형성하는 플랫폼으로만 의미 있다고 생각했다.

한국에 있을 때, 나는 치과대학을 졸업한 후 5년간 개인 병원 원장으로 일하면서 동시에 예수전도단의 대학부 책임간사로 사역했다. 주로 대학생들에게 '제자훈련'을 했다. 믿음이 있지만 헌신하지 못한 대학생들 또는 믿지 않는 대학생들을 전도하고 훈련해 진정한 제자로 세우는 일이었다. 그 사역을 통해 수많은 대학생이 헌신하고 주님의 일꾼이 되는 것을 보며 큰 보람을 느꼈다. 그들 중 많은 수가 선교사가 되었고, 지역교회 목회자 내지 리더로 섬기고 있다.

중앙아시아 K국에 선교사로 들어온 후에도 대학생과 청년들을 예수님의 제자로 삼고자 하는 마음은 변함없었다. 그래서 교회나 다른 경로로 만난 청년들을 모아 성경공부를 시작했다. 처음에 '그들은 도망 다니고 나는 쫓아다니며' 숨바꼭질하는 것 같은 기간도 있었다. 하지만 3-4년이 지날 무렵 20명에 가까운 대학생 청년들이 '예수제자단'이라는 공동체를 이루어 훈련에 참여했다. 그들 중에는 의과 대학생이 많았다. 지금 그들은 30대 후반의 중견 의료인으로 성장해 더러는 현지에서 병원을 운영하고, 더러는 미국과 영국에서 취업하거나 파키스탄의 선교병원에서 일하는 등 다양한 모습으로 섬기고 있다.

그런데 K국 보건성의 요청으로 2000년에 박애치과수련센터를 시작하고 나서 상황이 많이 달라졌다. 일단 정부 기관과 함께 치과 의료인 교육을 진행하면서 이 나라 전체에 미치는 영향력이 커졌다. 하지만 근무 외 시간에 병원 내에서 하던 '제자훈련'은 더 이상 할 수 없게 되었다. 한국이나 미국에서도 정부 기관 내에서 이러한 종교 활동은 허락되지 않기에 예상한 일이었다. 더욱이 무슬림 배경을 가진 직원이 대부분이어서 제자훈련이나 성경공부를 원하는 사람도 거의 없었다. 직장 예배나 기도회를 갖기도 물론 불가능했다. 그렇다고 이 나라 인구의 0.1퍼센트도 안 되는 그리스도인 중에서 유능한 치과 전문의나 수련생, 직원을 찾아서 채용하기도 비현실적인 일이었다.

이런 상황에서 "모든 민족을 제자로 삼으라"는 주님의 지상명령에 어떻게 순종할 수 있을까?" 하는 질문이 마음속에 늘 숙제로 남았다.

그 답의 힌트는 요한복음에 있었다. 요한복음에서 지상명령은 마태복음과는 다른 방식으로 기록되어 있다. 부활하신 주님은 베드로를 찾아가 "내 양을 먹이라. 내 양을 돌보라"라고 명령하셨다(요 21:15-19).

박애치과수련센터를 시작하고 몇 해가 지난 어느 날 아침,

나는 출근을 위해 병원에 들어서고 있었다. 진료실까지 긴 복도를 걸어가며 문득 '지난 몇 년간 이 병원에서 일했지만 아직 제자훈련을 받을 사람이 한 명도 없다'는 생각이 떠올랐다. 그 순간 엄청난 자괴감이 들었다. 한국에서는 내가 인도하는 모임을 통해 한 주에도 10여 명씩 헌신하고 제자훈련을 받길 원했는데, 더 많이 준비하고 더 많이 희생하며 온 이곳에서 과연 나는 주님의 명령에 잘 순종하고 있는 걸까?

한동안 낙심하고 있던 때, 마음 깊은 곳에서 한 음성이 들려왔다.

"내가 이미 너에게 나의 양들을 맡겼다. 그들을 먹이고 돌보라."

주님께 반문했다.

"도대체 그들이 누구입니까? 이 병원에는 주님의 말씀을 공부하거나 들을 준비가 된 직원이 아무도 없지 않습니까?"

다시 주님이 말씀하셨다.

"이 병원의 직원들이 모두 나의 양들이다."

"그들은 아직 주님을 믿지 않습니다. 오히려 자신을 무슬림이라고 생각합니다. 어떻게 그들이 주님의 양이 될 수 있습니까?"

주님은 응답하셨다.

"아직 양우리에 들어오지 않았지만, 그들은 내게 속한 내 양들이다."

아울러 주님은 요한복음 10장 16절의 말씀을 기억나게 하셨다.

"또 내게는 우리 안에 들어 있지 않은 다른 양들도 있다. 나는 그들을 데려와야 한다. 그 양들도 내 음성을 듣고 한 목자 아래서 한 무리가 될 것이다"(현대인의성경).

나는 이미 우리 안에 있는 양들, 즉 이미 믿는 자들을 어떻게 하나님의 말씀으로 양육할 수 있는지에 대해서는 수년 동안 다양한 형태로 제자양육을 해봐서 잘 알고 있었다. 그러나 아직 믿지 않는 자들, 즉 우리 밖에 있는 사람들을 하나님의 말씀으로 양육하는 일은 해본 적이 없었다. 이제는 우리 밖에 있는 양들을 말씀으로 먹이는 법을 배워야 했다.

그때부터 복음과 멀리 떨어져 있는 사람일지라도 거부감 없이 먹을 수 있도록 생명의 양식, 즉 하나님의 말씀을 새롭게 조리하는 법을 연구하기 시작했다. 성경 본문이 따로 없는 설교도 이때부터 준비했다. 직원 회의를 하거나 개인적으로 대화할 때, 기회가 닿는 대로 본문 없는 설교를 우화 형태로

하기 시작했다. 이런 경험을 통해 마태복음 28장 19-20절의 지상명령을 새롭게 바라볼 수 있는 시각을 갖게 되었다.

더 깊이 생각해보기: 지상명령의 재해석

우리가 흔히 지상명령이라고 부르는, 마태복음 마지막 장에 기록된 부활하신 예수님의 위임령은 이렇게 기록되어 있다.

> 그러므로 너희는 가서 모든 민족을 제자로 삼아 아버지와 아들과 성령의 이름으로 세례를 베풀고 내가 너희에게 분부한 모든 것을 가르쳐 지키게 하라 볼지어다 내가 세상 끝날까지 너희와 항상 함께 있으리라 하시니라(마 28:19-20).

일반적으로 한국 교회는 제자훈련을 다음과 같이 이해해 왔다. 일단 목표는 전도와 교회 개척이다. 대상자는 이미 믿는 자들이다. 내용은 기본적으로 성경공부다. 각자가 하고 있는 직장 일은 다만 믿지 않는 사람을 만나 전도하고 제자훈련할 사람을 찾는 과정으로만 영적 의미가 있다.

그런데 마태복음 28장 19절의 지상명령에는 네 가지 동사가 사용되고 있다.

- 가라.
- 제자로 삼으라.
- 세례를 베풀라.
- 가르쳐 지키게 하라.

헬라어 원문에서 주요 동사는 모든 민족을 '제자로 삼으라'^{matheteuo}다. 나머지 세 개의 동사는 분사형으로 사용되고 있는데, 이는 제자로 삼는 3단계 과정을 의미한다. 즉 '가면서'^{poreomai}, '세례를 베풀면서'^{baptizo}, '가르치면서'^{didasko} 모든 민족을 제자로 삼으라는 뜻이다.

40여 년 전 한국의 대학생 선교단체에서 사역할 때를 돌이켜보면, 한국 교회와 선교단체는 제자훈련을 일반적으로 제자 삼기의 세 번째 단계인 '하나님의 말씀을 가르쳐 지키게 하는 것'으로 이해하고 있었던 것 같다. 처음에는 네비게이토 선교회나 CCC 등 대학생 선교단체에서 시작된 체계적인 성경공부가 대학생들 사이에서 '제자훈련'이라는 이름으로 이루어졌다. 이 같은 성경공부는 같은 이름으로 사랑의교회 등의 지역교회로 흡수되었고, 성경공부 중심의 제자훈련을 사역의 중심에 놓는 교회도 생겨났다.

반면, 어떤 교회나 선교단체는 지상명령을 좀 더 포괄적인 관점으로 보기도 했다. 이들은 성경공부에 더해 지상명령의 두 번째 과정인 '세례를 베푸는 것', 즉 전도를 제자 삼기의 주요 과정으로 이해하고 강조했다.

그러나 모든 민족을 제자로 삼기 위해 우리가 기억해야 할 것이 또 하나 있다. 첫 번째 단계인 '가는 것'이 지상명령을 실천하는 데 가장 우선되고 필수적인 과정이라는 것이다. 여기서 '가는 것'은 복음을 전하기 위해 물리적으로 국경을 넘어 다른 나라나 문화권으로 가는 것만 의미하지는 않는다. '가라' 동사의 진정한 의미는, 어떤 사람이나 집단이 복음을 들을 수 없게 가로막고 있는 모든 문화적, 인종적, 사회적, 경제적, 언어적, 종교적 장벽을 넘어 그들을 찾아가는 것이다.

지상명령, 즉 모든 민족을 제자로 삼기 위한 첫 번째 단계인 '가는 것'의 의미를 좀 더 자세히 살펴보자. 이 단어의 원어적 의미에는 목적을 가지고 여행하는 것이 포함된다. 아직 복음과 멀리 떨어져 있어 제자가 되지 못한 사람들을 찾기 위해 두루 다닌다는 의미다. 사람들이 오기를 수동적으로 기다리기보다 적극적으로 찾아가는 것이 제자를 삼는 첫 걸음이며 가장 중요한 과정이다.

우리 그리스도인과 교회는 자국에 있는 사람이건 타국에 있는 사람이건 복음을 듣지 못한 채 장벽 뒤에서 소외된 이들이 찾아오기만을 기다려서는 안 된다. 그들이 있는 곳으로 가야 한다. 더 나아가 그들의 문화, 심지어 마음 깊은 데까지 들어가야 한다. 우리가 가야 하는 곳에는 구성원 대부분이 불신자이고 세상의 가치에 따라 움직이는 우리의 직장도 포함된다. 그러므로 지상명령을 따라 '모든 민족'을 제자로 삼기 위해서는 아직 믿지 않는 사람들, 때로는 복음을 오해하고 복음에 적대감을 가지고 있는 사람들에게 어떤 방식으로 올바르게(올바른 마음, 올바른 목표, 올바른 태도로) 다가갈 수 있는지 배워야 한다.

나를 포함해 한국 교회의 성도들은 이미 믿음이 있고 교회에 출석하는 사람들을 제자로 삼는 일에는 어느 정도 훈련되어 있다고 본다. 그중에는 영적으로 복음을 들을 준비가 된 사람들을 믿음으로 인도하는 전도훈련까지 되어 있는 사람도 꽤 있을 것이다. 하지만 아직 복음과 멀리 떨어져 있는 직장 동료나 가족, 이웃, 친구, 지역사회에 대해서는 어떠한가? 이들이 하나님의 사랑과 진리를 알고 그리스도를 영접하며 그분의 제자로 성숙해지려면 아주 길고도 험난한 영적 여정을 지나야 한다. 하지만 한국 교회 그리스도인 가운데 이러한 영역에서 어떻게 사람들에게 다가가 관계를 맺고 그들의 영적 여정에 길동무가 되어야 하는지 아는 이가 몇이나 될까? 이것이 지상명령을 완수하는 길에서 극복해야 할 가장 큰 과제가 아닐까 싶다.

또한 마태복음 28장의 지상명령은 모든 민족을 효과적으로 제자로 삼기 위해서는 사역 대상자의 영적 단계를 고려하여 선교 전략을 다양화할 필요가 있음을 보여준다. 여러 수준의 영적 단계에 있는 사람들을 제자로 삼기 위해서는 그들이 처한 영적 상태에 맞는 행동과 전략이 필요하다. 이 문제를 앞에서 살펴본 엥겔 지표와 연결해 고민해보면, 일상, 즉 우리 각자의 전문 분야와 비즈니스 현장에서 지상명령을 효과적으로 수행하는 데 유용하고 중요한 선교적 통찰을 얻을 수 있다.

복음은 그 자체에 능력이 있으므로 사영리나 전도폭발, 쪽복음, 전도방송 등을 통해 잘 정리된 복음을 제시하여 구원에 관한 지식을 전달하고 영접 결단으로 인도하는 것이 복음 전도의 시작과 끝이라고 생각하는 사람들이 많다. 그러나 엥겔 지표는 복음에 대한 수용성과 개방성에서, 사람들이 각각 다른 영적 단계에 있음을 보여준다. 그러므로 각자의 영적 단계에 따라 그들에게 다가가는 방법도 달라져야 한다.

예를 들어 사람들을 결신으로 인도하는 데 초점을 맞춘 여러 개인 전도 도구들(사영리, 다리전도, 전도폭발 등)은 엥겔 지표에서 -5 이전에 있는 사람들, 즉 복음을 받아들일 준비가 되어 있지 않은 사람들에게는 효과가 거의 없을뿐더러 도리어 역효과를 낼 수도 있다.

마태복음 28장의 지상명령은 모든 민족을 제자로 삼는 일을 수행하기 위해 영적 단계별로 적절한 세 가지 사역 전략이 필요하다는 점을 말해주고 있다. 이러한 사역 전략을 다음 도표에 정리해보았다.

먼저 엥겔 지표 -5에서 -10단계의 '복음에 적대적인 사람들'에게는 '찾아가는' 전략이 필요하다. 예를 들어 구제나 의료 서비스, 교육 사업, 농업 개발, 지역사회 개발, 소규모 사업자금 대부, 여러 형태의 비즈니스 등을 통해 그들이 당면한 육체적, 물질적 필요를 채워주는 것이다. 다양한 방식으로 그리스

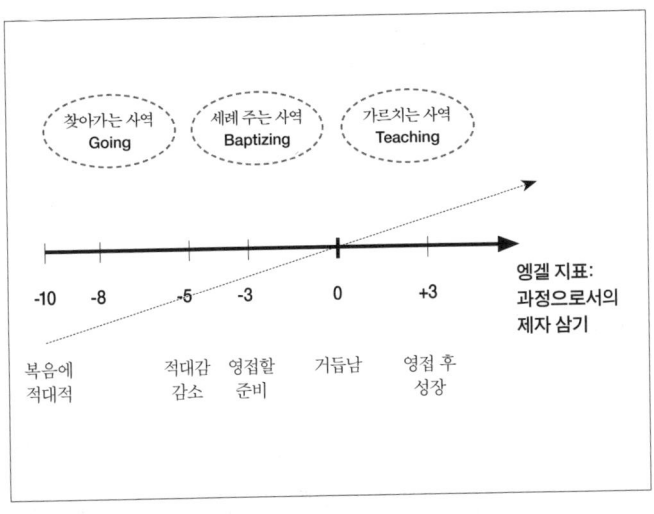

도의 긍휼과 사랑을 실천하며 그들에게 다가가 이웃이 되어 주는 것이다. 이 단계에서는 말로 복음을 전하기보다는 사랑을 실천하고 삶과 행동으로 복음을 나타내며 전도하는 것이 더 효과적이다.

그 다음 단계로 엥겔 지표 -5에서 -1 구간의 '복음을 들을 준비가 된 사람들'에게는 기회가 닿는 대로 복음을 구체적으로 제시하며 믿음의 결단으로 인도할 필요가 있다. 이것을 지상명령에서는 '세례 주는' 사역으로 축약해서 말한다. 전도지를 통한 노방 전도, 사영리나 그 밖의 수단을 통한 개인 전도,

방송 전도, 전도 집회 등이 이 단계에서 효과가 있다. 그러나 누군가 예수님을 믿고 영접했다고 해서 지상명령을 완수했다고 볼 수는 없다. 더구나 어떤 사람들이 말하는 것처럼 지구상의 모든 인류에게 빠짐없이 방송이나 쪽복음 또는 개인 전도를 통해 복음에 관한 정보를 전달했다고 해서 세계 선교가 완성되는 것도 아니다.

마태복음 28장의 지상명령은 믿고 예수님의 제자가 된 사람들에게 예수님이 말씀하신 모든 것을 '가르쳐 지키게 하여' teaching to obey 그리스도의 장성한 분량에 이르게 하는 지속적인 과정을 포함한다. 이것이 지상명령의 세 번째 단계다. 이 단계에서 삶의 모든 부분이 말씀의 가르침과 성경적 가치 위에 세워지고, 그 결과 그들이 복음의 증인이 될 수 있도록 성경공부, 전도훈련, 사회봉사 등 여러 형태의 제자양육이 이루어져야 한다.

우리가 직장과 일상에서 매일 만나는 사람들은 단순히 직장 동료, 사업 파트너, 고객, 친구일 뿐 아니라 하나님이 구원을 위해 우리에게 맡기신 이들이기도 하다. 그들은 영적으로 다양한 단계에 있다. 그들을 제자로 삼으라는 주님의 명령에 순종하려면, 앞뒤 가리지 않고 무조건 다가가 전도하기보다 먼저 그들이 어떤 영적 단계에 있는지 이해해야 한다. 그들의 일상에서 일어나는 모든 일을 눈여겨봐야 한다. 그들의 희로애락을 방관하지 않고 관심을 기울이고 적극적으로 공감하며 그들의 영적 여정에 동반자가 되어야 한다. 각각의 영적 단계에 맞는 전략으로 복음을 전달하여 그들을 진리와 하나님의 사랑으로 인도해야 한다. 기도와 섬김, 사랑의 실천과 삶의 모범, 시의적절한 증거 등 모든 노력을 기울일 때, 그들이 그리스도의 제자가 되고 그리스도의 장성한 분량에 한 걸음씩 다가가는 모습을 보는 기쁨을 맛보게 될 것이다.

4
개인 구원만 지상명령의 목표인가?

이슬람권에서 전문인 선교사로 사역하면서 대답하기 가장 곤란한 질문이 있다. 선교지에서 사역한 지 4년째 되던 해, 하루는 열 살이 된 큰아들 요한이 물었다.

"지금까지 아빠를 통해 예수님을 믿은 사람이 몇 명이나 돼요?"

생각해보니 청년 몇 명과 성경공부를 하고 다른 현지인 성도들과 교제도 나누고 있었지만, 내가 복음으로 인도했다고 말할 수 있는 사람은 다섯 명도 채 되지 않았다. 민망해진 나는 "그런 건 묻는 게 아니야"라며 얼버무리고 지나갔다.

그리고 나서 또 20년이 넘게 흘렀다. 그러나 직접 나를 통해 신자가 된 사람은 아직도 열 명이 채 되지 않는다. 이제까지 내가 한 사역은 도대체 어떤 의미가 있는 걸까?

한 교회나 단체, 개인이 지상명령에 순종하고 있는지 평가하는 기준은 다양하다. 가장 흔하고 단순한 방법은 나를 통해 또는 내가 속한 단체를 통해 얼마나 많은 사람이 예수님을 믿게 되었는지 세어보는 것이다. 교인 수가 몇 명이나 늘었는지, 몇 군데의 교회를 개척했는지 평가하는 방법도 있다. 실제로 교회는 이와 같은 기준으로 파송 선교사에게 선교 성과를 묻는다. 선교사들은 교회의 기대에 부응하기 위해, 또한 단기간에 올린 성과를 보여주기 위해 가끔 무리하게 일을 벌이기도 한다. 현지 수준에서 보면 꽤 많은 월급을 주면서 현지인 목회자를 고용하고 교회 건축에 집중하는 등 오히려 선교지 교회의 토착화에 역행하는 일도 하게 된다.

남아시아의 N국에서 오래 사역한 시니어 외국인 선교사의 염려를 듣고 얼굴이 붉어진 적이 있었다. 그는 젊은 시절 N국에 들어가 평생을 의료 선교사로 섬겼다. 사역 기간 내내 그는 현지 교회에 직접 재정 지원하는 일을 가장 조심했다고 한다. 당장 급한 필요를 채워주면 만족스런 반응이 돌아오겠지만, 멀리 내다보았을 때 현지 교회의 자립과 현지인 목회자의 지도력 발휘에는 결코 도움이 안 된다고 판단했기 때문이었다. 그는 '물주'가 아닌 현지 교회의 일원으로 그저 묵묵히 섬기며 지냈다. 그 결과 교회 건물은 소박하고 재정은 넉넉하지 않았지만, 현지인 목회자가 존경을 받으며 자립하여 교회를 운영할 수 있었다.

그러던 중 한국에서 한 선교사가 와서 그 교회의 목사에게 많은 월급을 제시하며 통역을 부탁했다. 그 교회는 이내 한국 교회의 후원으로 교회 신축 공사를 추진했다고 한다. 교회 건물은 현대식으로 화려하게 지어졌고 현지 목회자들의 생활은 여유로워졌다. 그러나 교회 지도력은 현지 목회자가 아니라 교역자 월급을 주고 운영비를 대는 '물주' 선교사에게 집중되었고, 현지인 지도자들은 보조 역할만 했다. 점차 현지인 목회자에 대한 교인들의 존경심도 찾아볼 수 없게 되었고, 교회는 선교사 도움 없이는 아무 일도 하지 못하는 상태로 전락했다고 한다. 이 얘기를 하며 안타까워하던 노선교사의 눈빛을 지금도 잊을 수 없다.

20여 년간 지속적으로 관계를 가져온 K국의 치과계 사람들과 사회지도층 인사들이 있다. 이들은 아직 복음을 받아들이지는 않았다. 그러나 보다 넓은 시각으로 보면, 이들과의 관계를 통해 주님이 이 나라의 복음화를 준비하고 계심을 깨닫는다. 이들을 통해 K국의 복음화를 위한 영적 토양을 기경하고 계신 것이다.

아미라는 박애치과수련센터의 1회 졸업생으로, 지금은 슬라빅 치과대학의 외과과장으로 일하고 있다. 박애치과수련센터 초기에 연수를 받기 위해 한국에 온 그는 우리 병원이 기독교 단체의 지원을 받는다는 사실을 알게 되었다. 겉으로는 드러내지 않았지만 이후로 그는 내심 우리에게 상당히 경계심을 가졌던 것 같다. 하지만 20년이 지난 지금 그는 우리 병원에서 수련받은 것을 감사하게 생각한다. 우리가 학술대회를 열거나 현지의 치과대학과 협력할 일이 있으면 적극적으로 도와주고 있다.

알뜬벡은 우리 병원에서 수련을 마친 후 K국 남부의 중심 도시 S시 국립의과치과대학의 학장이 되었다. 그는 우리 병원에서 수련받은 1년이 일생을 통틀어 전문성 개발에 가장 큰 진보를 이룬 시간이었다고 말하며 고마워한다. 내가 S시에 갈 때마다 공항까지 늘 마중나오는데, 큰 덩치에 어울리지 않게 내 품에 폭 안기며 이렇게 말한다.

"닥터 문은 치과 분야에서 나의 아버지 같습니다."

S시는 K국에서도 이슬람의 영향력이 가장 강한 지역인데, 그는 그곳 의료계의 가장 높은 지위에 있다. 알뜰백도 내가 그리스도인이라는 사실을 잘 알고 있다. 그럼에도 사람들 앞에서 내게 존경심 표하기를 주저한 적이 단 한 번도 없다.

일산과 칼리프도 기억에 선명하다. 제1기 수련의였던 일산은 개인 사정으로 도중에 수련을 그만두게 되었다. 나중에 그는 K국 국립의과대학의 소아치과학 교수가 되었다. 그는 언제나 나를 한국말로 "문 선생님"이라고 부른다. K국 치과의사협회 임원이기도 한 그는 처음 10여 년간 무슨 이유에선지 나와 우리 병원이 하는 일을 마뜩찮아 했다. 내 앞에서 드러내지는 않았지만 보건성에 가서는 우리 일에 대해 비판적으로 말한다는 소리를 들었다. 그 때문이었을까? 치과의사협회장인 칼리프도 우리 일에 늘 비협조적이었다.

그런데 2020년 박애치과수련센터 20주년 기념 행사 때, 칼리프와 일산이 큰 화분과 금일봉을 가지고 내빈으로 참석했다. 칼리프는 인사말을 하면서 우리가 K국 치과 발전을 위해 수고한 것에 진심으로 감사한다고 했다. 그저 인사치레가 아니라 진심 어린 말이라는 것을 알 수 있었다.

처음에 그들은 한국인인 우리가 왜 K국에 왔는지, 순수한

동기에서 일하는 건지 아니면 다른 숨은 의도가 있는지 의심했을 것이다. 하지만 강산이 두 번 바뀌도록 변함없이 K국의 젊은 치과 의료인 교육을 위해 노력하는 모습을 보면서 우리의 진심을 알게 된 듯하다. 단순히 그들을 기독교로 개종시키려는 목적이 아니라 K국 치과계를 진심으로 돕기 위해 왔고 일하고 있음을 비로소 인정한 것이다.

추로프 박사는 K국 전체 의료인의 보수교육을 담당하는 보건성 소속 의과대학 총장이었다. 1999년 첫 번째 안식년을 마치고 돌아온 후, 나는 그 대학에서 가정의 수련 프로그램에 참여하던 미국인 의사 톰츄의 소개로 추로프 총장을 처음 만났다. 그는 내게 자신이 총장으로 있는 의과대학에서 치과의사 재교육 프로그램을 시작해달라고 부탁했다. 구소련에서 의학박사 학위를 따고 돌아와 교수가 된 그는 이제 막 독립한 조국의 발전을 그 누구보다 바라고 있었다.

그는 무신론자였다. 만난 지 얼마 되지 않아 그는 자신이 도움을 요청해 함께하게 된 '외국인들'(미국에서 온 가정의 자문의사와 한국에서 온 치과 자문의사들)이 그리스도인이라는 사실을 알게 되었다. 그러나 그들은 K국의 의료계 발전에 꼭 필요한 사람들이었다. 그리스도인이 아니면 이렇게 변방 지역까지 와서 그들을 진심으로 도와줄 사람이 없다는 사실 또한 그는 잘 알고 있었다. 박애치과수련센터가 보건성의 오해를 사서 면허가 취소되고 문을 닫아야 했을 때, 보건성에서 고위직에 있던 그가 발벗고 나서서 도움을 주었다. 병원에 크고 작은 행사가 있을 때마다 꼭 참석해 든든하게 지원해주기도 했다. 추로프 총장과 15년 가까이 일했는데, 그는 예수님을 믿지는 않지만 함께 일하는 외국인 자문의사들에게 늘 감사를 표했다. 보건성이나 치과의사협회 인사들 중에 우리와 관계가 껄끄러운 사람이 있으면 언제나 나서서 듬직한 지원자가 되어주었다.

앞서 소개한 로자는 우리 부부와 가족이나 다름 없는 관계를 유지하고 있다. 그녀는 K국 언어를 전공한 K국 학술원 회원이고, 그곳에서 한 학술지 출판 책임자로 일했다. 로자는 우리의 1기 사역기에 예수님을 영접했는데, 지금은 교회에 정기적으로 출석하지 않으며 자신을 그리스도인으로 소개하지도 않는다. 그래도 가족이나 지인들에게 나를 꼬박꼬박 오빠라고 소개하면서 우리와의 우정을 소중히 여긴다.

지금까지 소개한 사람들은 내가 K국에 살면서 더러는 가족처럼 친근하게, 더러는 공적으로 일정 거리를 두고 관계 맺고 있는 이들이다. 다들 의료계나 교육계에서 지도자 위치에 있다. 만약 내가 치과의사가 아니었다면, 이들처럼 전문성을 가진 사회지도층 인사와 지속적으로 친분을 갖기 힘들었을 것이다.

그들은 아마도 나와 만나고 친분을 맺으면서 기독교 또는 그리스도인에 대한 편견이 적어졌을 것이다. 호의적으로 돌아서게 되었는지도 모르겠다. 이러한 전문인 지도층의 변화는 기독교를 대하는 한 사회의 태도가 달라지도록 선한 영향력을 미칠 수 있다고 믿는다. 그런 노력이 쌓일 때, 그 사회는 점차 복음에 호의적으로 바뀌고, 교회가 개척되고 성장하기에 좋은 토양이 되어갈 것이다. 이 일은 아직 믿음이 어리고 교세가 미약한 현지 교회의 손에만 맡겨놓을 수 없는 과제다. 좀 더 성숙하고 자원이 많은 선교사들이 담당해야 할 역할이라고 본다.

더 깊이 생각해보기: 지상명령의 사회적 차원

앞서 우리는 엥겔 지표에 대해 살펴보면서 사역의 열매는 가시적 결과로만 평가할 수 없는 것임을 확인했다. 우리가 보지 못하는 영역에서 수많은 영적인 일들이 일어나고 있기 때문이다.

선교사의 역할은 비단 한 개인을 믿음으로 인도하여 구원을 얻게 하는 것이 전부는 아니다. 오히려 우리는 주님이 맡겨주신 사회, 민족, 나라의 복음화를 위해 부르심을 받았다. 마태복음 28장의 지상명령은 '모든 사람'이 아니라 '모든 민족'을 제자로 삼으라고 말한다.

지상명령에 올바로 순종하기 위해서는 개인 복음화의 차원을 넘어 한 민족의 장래를 볼 수 있어야 한다. 어떻게 하면 그 민족 전체를 제자로 삼을 수 있을지 진지하게 고민해야 한다. 앞으로 그 민족 가운데 세워진 교회가 소수 종교집단의 게토ghetto에 머물지 않고, 그 민족의 대다수가 믿고 참여할 수 있는 공동체가 되도록 전략을 세우고 실천에 옮겨야 한다. 그럴 때 한 나라와 한 민족의 복음화, 제자화가 가능해질 것이다.

엥겔 지표는 개인 차원의 영적 진보와 관련해 새로운 시각을 제공한다. 그러나 한 사회를 복음화하기 위해서는 개인 차원의 영적 진보 못지 않게 사회적 차원의 영적 진보를 평가할 수단이 필요하다. 그래서 나는 개인의 영적 진보를 나타내는 엥겔 지표를 수평축(x축)으로 하고, 한 공동체나 사회의 각 영적 단계에 해당하는 인원수를 수직축(y축)으로 하는 좌표 평면을 가정해보았다. 이 좌표 평면에 한 사회의 복음 수용도를 나타내는 곡선을 그릴 수 있다. '문의 곡선'Moon's curve이라고 이름 붙인 이 곡선은 우리가 추구해야 할 지상명령에 대한 안목을 사회적 차원으로 넓혀주는 개념이다. 의료선교협회에서 출간한 『현대 의료 선교학』[12]에 소개한 내용을 요약하면 다음과 같다.

마태복음 28장에서 언급된 지상명령은 우리가 흔히 생각하듯이 개인 한 사람 한 사람을 전도하여 구원받게 하는 것, 그리고 그들을 통해 교회를 개척하는 것 이상을 이야기한다. "모든 민족을 제자로 삼[으라]"는 명령은 개인의 차원을 넘어 한 사회, 한 공동체를 대상으로 하는 교회의 선교적 사명을 명시한다. 달리 말하자면 '사회 변혁 명령' 또는 '하나님 나라의 사역'이라고 할 수 있다. 즉 지상명령은 그 범주가 개인의 구원에 국한되지 않고 한 사회에 하나님의 사랑과 공의가 이루어지도록 하는 사명을 포함하고 있다. 기독교에 적대감을

---

[12] 심재두 외 56명, 『현대 의료 선교학』(의료선교협회, 2018), 334-336쪽.

가진 사회의 영적 토양을 기경하여 복음에 호의적인 사회로 변화시키는 것까지 그 사명의 범주에 들어간다.

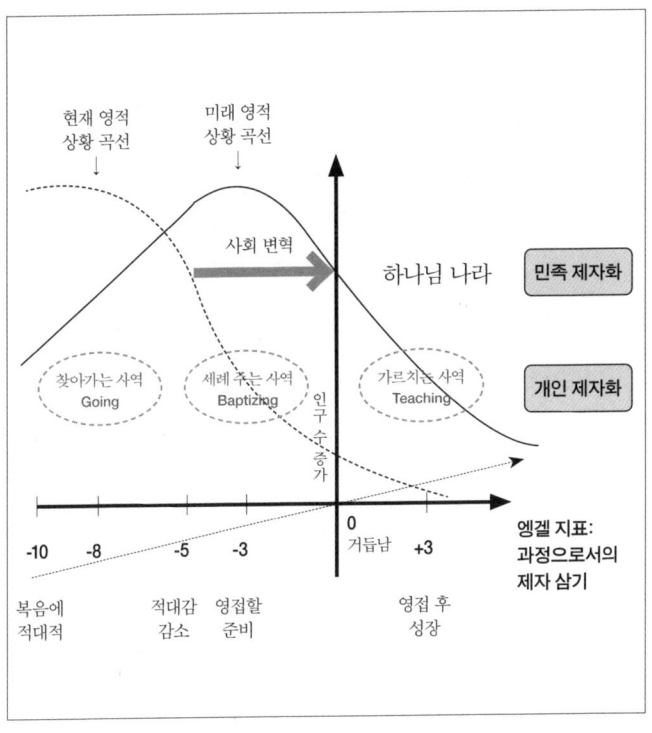

내가 사역하는 중앙아시아의 주된 종족들은 이슬람 배경을 가진 무슬림으로, 복음에 호의적이지 않고 심지어 적대적

인 사람들이 대부분이다. 엥겔 지표의 수평축에 인구 수를 나타내는 수직축을 추가하여 곡선을 그린다면 앞의 도표에서 점선으로 표시된 것과 같은 곡선, 즉 중앙아시아의 '현재 영적 상황 곡선'이 그려진다.

전문인 사역, 즉 비즈니스나 의료, 교육, 지역사회 개발, 구제 등을 통해 사람들의 마음밭을 기경할 수 있다. 그 결과 한 사회에서 아직 주님을 영접하지는 않아도 복음에 호의적인 이들의 수가 증가하게 된다. 그러면 '현재 영적 상황 곡선'은 보다 오른쪽으로 이동하여 실선으로 표시되는 제2의 곡선, 즉 '미래 영적 상황 곡선'으로 그려질 수 있다. 이렇듯 제자 삼기의 사회적 측면을 나타내는 영적 상황 곡선이 바로 앞에서 말한 '문의 곡선'이다. 사역자들이 의도를 가지고 사회적 변화를 적극적으로 추구할 때, 현지에서 보다 많은 전도의 열매를 맺게 될 것이다. 교회를 더 많이 개척할 수 있을 뿐 아니라 개척된 교회도 사회적 저항이 비교적 적은 환경에서 그 사회에 깊이 뿌리내린 토착교회로 성장할 수 있다.

의료인이나 직업인, 사업가를 포함한 전문직 사역자들은 교회 안보다는 교회 밖 사회에 깊숙이 위치한 시장^{marketplace}이나 각 전문 분야에서 믿지 않는 사람들과 대부분의 시간을 보낸다. 그들을 상대로 직접 개인 전도를 하거나 함께 성경공부를 할 기회는 많지 않을 수 있다.

그러나 '문의 곡선'은 그러한 상황에서도 전문인 사역이 여전히 중요하다는 사실을 보여준다. 사업가와 직업인, 전문인들은 저마다의 사역을 통해 보다 넓은 선교 관점에서 주변 사람들에게 선한 영향력을 미칠 수 있다. 그 사회와 국가에 성경적 가치와 원칙의 씨앗이 뿌려지고 자라는 데 기여할 수 있다. 그를 통해 교회가 그 사회와 문화에 깊이 뿌리내리고 토착화되는 환경이 조성된다. 한 민족과 국가가 하나님 나라를 엿보아 경험함으로써 주님의 다스림과 뜻 안에서 세우는 소망이 견고해진다.

5

왜 부자를 위한 병원을 하냐고?

"왜 선교사가 부자들을 위한 병원을 운영하려고 해요?"

2007년에 접어들면서 몇 주 동안이나 아내와 이 질문으로 논쟁을 했다. 아내뿐 아니라 한국과 미국에 있는 지원팀 내에서도 많은 후원자가 그즈음 내가 제안한 비즈니스형 치과병원, 이른바 BAM Business As Mission 병원 설립 프로젝트를 이해하지 못해 여러 의견으로 갈리고 있다는 소식을 들었다.

"선교사가 왜 사업을 하려고 해요?"

"어려운 처지의 현지인들을 도와주러 간 것 아닌가요?"

"사업을 하면서 복음을 전하는 게 가능한가요?"

1995년, 치과의사 신분으로 처음 K국에 들어오면서 나는 가난해 치료를 받지 못하는 현지인들과 새로 그리스도인이 된 사람들을 위해 치과병원을 세워야겠다고 계획했다. 병원을 운영하면서 그리스도의 사랑을 나타내고, 전도할 기회를 가질 뿐 아니라 현지의 개척 교회들을 재정적으로 지원할 목적이었다.

그러나 처음 2년간 현지 언어를 습득하고 문화적으로 적응하는 기간을 지나면서 이곳의 상황을 좀 더 현실적으로 파악하게 되었다. 구소련의 16개 공화국 중 하나였던 이 나라는 당시 독립한 지 얼마 되지 않아 사회적, 경제적 인프라가 부족했다. 특히 의료 시스템이 낙후되어 있었다. 그럼에도 지난 수십 년간 작동해오던 기존의 의료 시스템과 그곳에서 일하던 의료인들이 있었다. 그러므로 외국인 치과의사가 이 나라에서 병원을 개업하여 직접 진료하는 것은 장기적으로 바람직하지 않다고 느꼈다.

마침 내가 속해 있던 비영리 민간단체에는 네팔의 초창기 의료 선교사로 1950년대 말부터 사역해온 닥터 프리데릭이라는 외과의사가 있었다. 그는 일흔이 넘는 나이에 필드 디렉터로 일하고 있었다. 그의 아내 베티앤은 한국과 깊은 인연이 있기도 했다. 부모님이 평양에서 농업 선교사로 사역하셨기 때문에 그곳에서 선교사 자녀 학교를 다녔다고 한다. 닥터 프리데릭의 조언으로 1997년에 처음으로 치과 프로젝트를 시작했다. T라는 무슬림 전통마을에서 시작한 학교 구강보건 사업이었다. 마을의 유일한 학교는 전교생이 130여 명밖에 안 되는 작은 규모였지만 마을의 중심 역할을 하고 있었다. 구강보건 사업은 마을 주민 전체에 선한 영향력을 미쳤고, 덕분에 주민들의 마음이 열려 차츰 보건교육, 농업 개발, 소규모 대부 등 지역사회 개발 사업을 키워갈 수 있었다.

2000년에는 K국 보건성 산하의 의료인 평생교육대학 총장인 추로프 박사의 요청으로, 그 대학 안에 치과 의료인 교육과 수련을 위한 박애치과수련센터를 세우고 운영하기 시작했다. 우리를 파송한 교회와 한국 및 미국의 후원자들이 치과 의료선교회 [DSI]를 통해 지원한 장비와 기금으로 치과용 의자 두 개의 규모로 네 명의 수련의를 선발하는 것에서 출발했다. 수련의 목표는 유능한 치과 전문인을 양성하는 데 머물지 않고, 수련을 마친 의사가 다른 치과 의료인을 가르칠 수 있도록 교수 요원을 양성한다는 개념으로 잡았다.

매해 2-4명의 수련의를 뽑아 집중적으로 투자하는 방식으로 교육을 진행했다. 그 후 치위생사와 치기공사도 같은 개념으로 교육했다. 그 결과 2020년까지 치과의사 35명, 치위생사 17명, 치기공사 10명을 교수 요원으로 배출했다. 그들을 통해 해마다 500명 이상이 단기 임상교육 과정을 마쳤고, 3천 명 이상이 세미나와 심포지엄을 통해 임상교육을 받았다. 지금도 박애치과수련센터를 나온 졸업생들이 치과대학의 교수로, 학장으로, 또한 치과병원 원장으로 K국 치과계 곳곳에서 활약하고 있다. K국은 여전히 중앙아시아에서 가장 가난한 나라에 속하지만, 치과 의료 수준만큼은 구소련의 어느 공화국과 비교해도 뒤처지지 않는다고 자부한다.

박애치과수련센터는 재정적 자립을 위해 일부 환자에게는 진료비를 받았다. 그 결과 설립한 지 5-6년 만에 자립도를 80퍼센트 이상으로 끌어올릴 수 있었다. 하지만 외부 지원에 의존하는 비영리 기관의 특성상 지속적인 발전을 위한 시설과 설비 투자를 충분히 할 수 없었다. 유능한 현지 의료인에게 걸맞은 보수를 주지도 못했다. 그런 이유로 실력이 탁월한 직원이 이직하는 경우가 많아졌다. 이런 일은 지속적인 지도자 양성을 통해 K국 치과계 발전을 추구한다는 우리 사역의 목적을 이루는 데 큰 장애물이 되었다.

또한 병원이 커질수록 치과 재료와 새로운 장비 마련을 위한 비용이 증가하기 마련인데 외부 지원은 제한되어 병원 발전을 저해하는 요인이 되었다. 한편, 그동안 잘 훈련된 현지 의료인들은 스스로 자기 월급과 병원 발전을 위한 수입을 창출할 준비가 되어 있었다. 이런 상황에서 병원의 현지 자립화와 지속 가능한 발전을 위해 병원의 구조를 비영리 기관에서 비즈니스 형태로 변경하는 것은 어쩌면 당연한 수순이었다.

2008년 여러 전문가에게 자문을 받고 파송 기관인 치과의료선교회[DSI]를 통해 설립 자금을 투자받아, 마침내 첫 번째 비즈니스형 병원을 설립했다. 2013년에는 그곳에서 발생한 수익금으로 두 번째 비즈니스형 병원을, 2015년에는 세 번째 비즈니스형 병원을 설립했다.

더 깊이 생각해보기: 변화하는 세상, 변화하는 선교 전략

한국 교회의 선교는 일제 시대인 19세기 초 장로교 독립노회가 구성되면서 시작된 중국 산둥성 선교로 거슬러 올라간다. 하지만 해외 선교가 활발하게 시작된 때는 1980년대 초반이라고 할 수 있다. 이후로 지금까지 한국 교회 선교의 주된 전략을 다음 세 기간으로 정리해보았다.

표 3. 한국 교회 시기별 선교 전략

제1기 (1980년-현재)	종교 활동 중심의 선교 - 교회 개척과 제자훈련 - 안수받은 목회자 주도의 선교
제2기 (1995년-현재)	구제와 사회봉사를 통한 선교 - 구호 활동과 개발 사업 - 비영리 민간단체(NGO) 요원의 선교
제3기 (2010년-현재)	일반 경제 활동을 통한 선교 - 사업(BAM)이나 직업 활동(tentmaker) - 평신도의 선교

이런 흐름에 따라 내 직업 분야인 의료선교의 전략도 변화되어왔다. 제1기에 해당하는 1980년도부터는 교회 개척과 전도, 제자훈련 중심의 선교 전략이 활발하게 적용되었다.

1995년부터 시작된 제2기에는 복음에 적대적인 지역의 미전도 종족을 대상으로 선교가 활발하게 일어났다. 이슬람권이나 공산권, 힌두권 등 공개적인 전도 활동이 제한되는 환경이다보니 비종교 비영리 민간단체를 플랫폼으로 하는 총체적 선교가 활성화되었다. 장애인과 고아와 난민 등 사회의 소외계층과 저소득층을 대상으로 구제와 구호, 개발 사역이 활발하게 진행되었다. 선교사들도 비영리 민간단체의 일원으로 프로젝트에 참여하며 선교적 의미를 찾고자 했다.

제3기는 2010년 이후 현재까지의 기간이다. 이 기간에 접어들면서 복음이 필요한 많은 지역에서 권위주의적인 정권은 비영리 민간단체의 활동조차 이런저런 정치적 이유를 들어 제한하기 시작했다. 따라서 이 지역에서 선교를 지속하기 위해서는 다른 전략이 필요하게 되었다.

세계화가 진행되면서 이제 어느 국가도 일반적인 경제 활동을 하는 외국인의 입국을 함부로 제한하지 못한다. 선교에 폐쇄적인 나라일지라도 비즈니스만큼은 문호를 개방하고 있다. 따라서 선교의 주체도 성직자에서 구호 전문가로, 구호 전문가에서 일반 사업가로 변화되고 있다. 이러한 흐름 속에서 현대 선교의 전략도 교회 개척과 비영리 민간단체 활동에만 머물 수는 없게 되었다. 우리 시대 선교의 주제는 비즈니스를 포함하는 일상이다. 의료선교를 비롯해 각종 전문인 선교도 어떻게 일상의 사업을 통해 주님의 지상명령을 이루어갈 수 있는지 고민하고 있다. 일상의 선교화, 선교의 일상화라는 도전에 직면한 것이다.

이 장의 서두에서 말했듯이 비영리 병원에서 영리 병원으로 구조를 바꾸려면 안팎으로 많은 도전을 받게 된다. 교회 부속병원 또는 교회 지원을 위한 기독병원의 경우 교회의 이해를 얻기 쉽다. 서민 진료와 구제를 위한 구호병원 모델이나 교육병원 모델도 어느 정도 교회의 동의를 얻을 수 있다. 그러나 비즈니스형 병원 모델은 현재 단계의 선교 상황에서 꼭 필요한 대안이기는 하지만, 한국 교회가 보기에는 아직 새롭고 낯선 개념일 것이다. 파송 교회나 대부분의 후원자들이 사업과 선교에 대해 여전히 이원론적 사고를 가지고 있기 때문이다. 사업은 선교에 방해가 될 뿐이고 아무리 좋게 평가해도 선교를 돕는 수단 그 이상이 될 수 없다는 것이다.

병원을 비영리 모델에서 비즈니스, 즉 영리 모델로 전환하면서 부딪혔던 몇 가지 주요 문제를 소개하면 다음과 같다.

1. 왜 부자들을 위한 병원을 하려고 하는가?

비영리 병원에서 영리 병원으로 사역 형태를 변경하려고 하자 누구보다 그동안 후원해온 팀과 아내의 반대가 컸다. 우리가 K국에 와서 일하는 이유가 진료받을 여건이 안 되는 저소득층과 취약계층을 위한 것 아닌가? 스스로 자립할 뿐 아니라 기존의 비영리 사업까지 후원할 수 있는 영리 병원이 되려면 진료비를 충분히 낼 수 있는 고소득층을 상대해야 하는데, 그럴 만한 선교적 근거가 있느냐는 질문이었다.

여러 후원자가 끝까지 이해하지 못했고, 그들 중 몇 명은 팀을 떠나기도 했다. 그러나 감사하게도 대다수는 새로운 사역 방향을 신뢰해주었고, 지금은 성공적인 결과로 인해 함께 감사하고 있다.

2. 유료 진료에 대한 부담감

병원 직원들, 특히 현지인 의사들도 새로운 형태의 사역을 반기지 않았다. 그동안 무료 진료에 익숙했던 의사들에게 유료 환자를 받는다는 것은 그만큼 책임이 더 커진다는 의미였다. 무료 진료를 받는 환자는 불평을 거의 하지 않지만 유료 진료, 특히 많은 진료비를 내는 환자는 의료 서비스에 대한 기대치가 높고 따라서 까다로운 요구를 하게 마련이다. 영리 병원으로 전환하면서 진료를 고급화하고 평균 이상의 진료비를 받았기 때문에 의사들이 환자에게 보다 높은 수준의 서비스를 제공하며 올바로 소통하는 법을 배워야 했는데, 그러기까지 상당한 시간이 필요했다.

3. 현지인 파트너의 경영 능력

좋은 의료인이라고 해서 반드시 병원 경영 능력까지 출중한 것은 아니다. 각각의 클리닉에는 치과의사, 치위생사, 행정 분야에 이르기까지 적어도 10-15명 이상의 직원들이 함께 일하고 있다. 그러므로 클리닉의 현지 자립화를 위해서는 현지인 지도자를 파트너로 양성하는 일은 필수적이다.

이들이 건강한 지도자로 제 역할을 하려면 직원 선발과 업무 분담, 동기 부여 등 직원들의 인사관리 능력을 갖추어야 한다. 그뿐 아니라 병원의 적절한 수입 창출과 건전한 지출을 위해 재정의 흐름을 분석하고 계획을 세우며 평가하고 관리하는 능력도 필요하다. 한국에서도 이와 같은 경영 능력을 갖춘 의료인은 그리 많지 않을 것이다.

더구나 중앙아시아는 구소련 사회주의 제도 아래에서 오랜 시간을 살아왔기 때문에 현지 의료인들은 자본주의적 경영을 매우 어색해한다. 이곳 의료계에도 개인 병원이 생긴 지 20년이 채 되지 않는다. 어떤 부류는 비즈니스란 수단과 방법을 가리지 않고 최대 이윤만 남기면 되는 것이라고 생각하며 직원에 대한 기업의 책임 또는 사회적 책임에 대해서는 도무지 이해하지 못한다. 또 한 부류는 매우 좋은 의료인이기는 하지만 병원의 유지 발전을 위해 적정한 이윤을 남기는 것조차 죄책감을 느낀다. 진료비 중 이윤이 적절한 비율을 차지해야 병원이 운영되고 발전할 수 있음을 이해하는 데 생각보다 많은 시간이 걸린다.

4. 문화적으로 적합한 복음적 병원 운영 시스템의 정착

공개적으로 종교 활동을 할 수 없는 이슬람권 같은 선교지에서는 병원을 운영하며 병원을 통해 하나님 나라를 증거하려면 병원의 비전과 사명과 핵심 가치를 명확하게 설정하고 표방해야 한다. 따라서 각 비즈니스형 병원이 처한 상황에 적합하면서도 성경적인 가치관을 반영하는 올바른 선교 방향과 목적을 설정하고 명문화하여 사역자 및 직원들과 공유하는 것이 중요하다. 이것을 기초 문서 foundational documents라고 한다. 비전 선언문과 사명 선언문, 핵심 가치를 담은 문서 등을 말한다.

그러나 이를 실행하는 주체가 선교사나 몇몇 개인에 한정

되어서는 안 된다. 직원 모두가 주인의식을 가지고 참여하려면 이러한 비전과 가치를 담아내며 그 사회와 문화에 적합한 병원 운영 시스템을 개발해야 한다. 예를 들어 공정한 보수 체계, 투명한 재정 보고, 정규 사회봉사, 직원 복지 시스템 들을 갖추어야 한다. 이러한 기초 문서에 따라 비즈니스형 병원의 활동을 주기적으로 평가하고 수정하여 병원의 선교 목적에 부합하도록 사업 방향을 지속적으로 조정해나가는 노력이 필요하다.

한 가지 예를 들자면, 중앙아시아 무슬림 문화에서 '용서'는 이해하기 어려운 개념이다. 잘못이 명백하더라도 자기 잘못을 인정하고 용서 구하기를 죽는 것만큼이나 힘겨워한다. 용서를 구하는 순간 명예와 자존심을 모두 잃는다는 두려움 때문이다. 그런 문화에서 '두 번째 기회' second chance 는 우리 병원 직원들이 일하며 경험하는 새로운 개념 중 하나다.

어떤 직원이 금전적으로나 업무적으로 큰 실수를 한 경우, 이곳 문화에 따르면 그는 즉시 해고되어야 마땅하다. 하지만 우리 병원에서는 그가 실수를 인정할 경우 용서의 차원에서 '두 번째 기회'를 준다. 물론 이런 방침을 긍정적으로 보는 사람도 있지만 그렇지 않은 사람도 있다. 잘못했는데도 엄격하게 징계하지 않으면 다른 직원들이 '그래도 되나보다' 하고 오해할 것을 우려하기 때문이다. 실제로 같은 잘못을 되풀이하는 경우도 부지기수다. 하지만 실수를 했어도 자신에게 주어진 두 번째 기회 덕분에 지금까지 성실한 직원으로 함께 삶을 나누고 있는 사람도 있다.

병원 재정 매니저로 일하는 리나가 그랬다. 그는 10여 년 전 러시아어 자료를 한국어로 번역하는 일을 위해 채용되었다. 그런데 1년이 지나도록 번역 실력이 좀처럼 늘지 않았다. 병원에 별 도움이 되지 않았지만 딱히 다른 직업을 구할 수 없는 상황이라는 것을 알기에 그에게 계속해서 일할 기회를 주었다. 그러던 어느 날 병원 행정을 담당하던 직원이 갑자기 그만두게 되어 임시로 리나에게 그 업무를 맡겼더니 기대 이상으로 일을 잘 해내는 게 아닌가? 그 후로 그 일을 맡아 계속해온 리나는 현재 병원의 재정 담당 매니저가 되었다. 이제 리나 없는 치과 행정은 생각할 수도 없다.

5. 현지 의료인에 대한 지속적인 전문성 개발

의료 사업이 비즈니스로 성공하려면 현지 의료인의 지속적인 전문성 개발이 중요하다. 의료 분야는 전문인력에 대한 의존

성이 매우 높다. 전문인력을 양성하기 위한 교육과 수련 기간도 아주 길다. 의료 사업에서 성공하려면 양질의 전문인력의 확보가 필수적이다. 더구나 비즈니스형 병원의 선교 목적과 가치를 공유하면서 전문 분야의 소양을 갖춘 의사와 간호사 등을 확보하기란 의료 교육이 열악한 대부분의 선교지에서 큰 과제가 아닐 수 없다. 따라서 병원 구조 안에 의료 전문인력 교육 시스템을 갖추는 것이 비즈니스형 병원의 지속적 발전을 위한 필수 조건이다.

내가 K국에서 두 개의 비즈니스형 치과병원을 세우고 지속적인 성장을 볼 수 있었던 배경에는 박애치과수련센터가 자리하고 있다. 최초의 비즈니스형 치과병원을 시작하기 8년 전에 먼저 시작한 이 교육센터를 통해 좋은 의료인을 계속 양성해왔기 때문이다. 이곳에서 잘 훈련된 전문인력이 두 비즈니스형 병원에 지속적으로 들어오면서 병원 발전의 운동력이 되고 있다.

<u>6. 재정적 책무</u>

비즈니스형 병원을 운영할 때 재정적 유혹과 실수로부터 사역자를 보호해줄 수 있는 구조를 만드는 것이 매우 중요하

다. 병원 운영과 경영에 집중하여 그때그때 문제를 해결하려다 보면 자신도 모르게 방만한 운영을 하게 되고 재정 상황을 미처 다 파악하지 못해 객관적인 설명을 하지 못하는 경우가 생긴다. 이런 일을 방지하려면 재정 책임을 선교사 개인이 담당하기보다 공동체 단위에서 공유하는 구조를 가져야 한다. 처음부터 재정을 투명하게 보고하며 결정할 수 있는 구조다. 내 경우 'K국 사업형 병원 운영위원회'를 파송 기관인 치과의료선교회 안에 설치하여 해마다 재정 상황을 보고하고 주요 지출 사항을 결정하고 있다. 재정 책무를 분산하는 일종의 구조적 보호장치인 셈이다.

7. 비즈니스형 병원과 지상명령

비즈니스형 병원을 운영하려면 직원의 이해관계, 환자 관리, 이윤 창출, 세무 관계, 마케팅, 의료 장비와 약품, 재료 수급과 관리 등 많은 업무에 둘러싸여 하루하루를 보내게 된다. 진료뿐 아니라 재정 자립과 직원의 인사 책임도 의료 사역자에게 부과된다. 그러다보면 "모든 민족을 제자로 삼으라"는 주님의 지상명령은 매일의 과제에 묻히기 쉽다. 따라서 사업장 자체를 지상명령을 수행하는 현장으로 이해하고 실천하는 통합적 사역의 시각과 전략이 필요하다. 이에 대한 자세한 사항은 앞에서 소개했다.

비즈니스형 병원을 시작한 지 어느덧 15년이 되어간다. '비즈니스를 통한 선교'(BAM, Business As Mission)는 처음 시작했을 때뿐 아니라 지금까지 날마다 새로운 도전과 과제를 던져주고 있다. 중앙아시아 국가들은 국민의 대다수가 무슬림 배경을 가지고 있기 때문에 정부도 대체로 친이슬람 성향이다. 따라서 기독교의 선교 활동이 매우 제한될 수밖에 없다. 특히 병원을 포함한 사업체나 비영리 민간단체의 종교 행위는 불법으로 간주된다. 내가 사역하는 K국도 이러한 제한 때문에 병원에서 예배를 드리거나 전도를 할 수 없다.

이러한 상황에서 어떻게 병원을 선교하는 곳으로 만들 수 있을까? 직원의 대부분이 그리스도인이 되어야 할까? 직장인 병원 내에서 은밀하게 전도나 성경공부를 시도해야 할까?

주님은 하늘나라에 머물면서 우리에게 복음을 전하지 않으셨다. 주님은 이 모순된 세상에 임마누엘로 오셔서 33년 동안 인생의 희로애락을 우리와 똑같이 겪는 가운데 현장의 땀 내음이 배어 있는 복음을 우리에게 전해주셨다.

나 또한 환자와 병원 직원들의 애환이 뒤얽혀 있는 비즈니스 현장에서 그들과 일상의 문제를 함께 씨름하는 가운데 예수님이 전하신 복음의 참된 의미를 날마다 새롭게 깨닫고 있다. 그리고 주님이 사셨던 것처럼 삶의 현장에서 사랑과 공평, 정직과 희생, 나눔을 실천하려고 애쓰며 오늘도 그분의 발자취를 따라가고 있다.

6
왜 우리 교회 청년은 직장에 적응을 못할까?

블라르는 '예수제자단'의 리더로 인물 좋고 재능도 출중한 30대 후반의 청년이다. 남부 S시 출신인 그는 다른 형제들과 함께 공동생활을 하며 교회에서는 찬양 인도자로 섬긴다. 그는 대학교 1학년 때 아버지가 돌아가시면서 학업을 멈춘 이후로 어떤 일도 꾸준히 하지 못하는 어려움을 겪고 있다. 여기저기 직장을 소개해줘도 며칠 혹은 길어야 몇 주 안에 일을 그만두고 만다. 일을 잘 못해서가 아니다. 그 일을 꾸준히 할 만한 성실함과 인내가 부족하기 때문이다. 그래서 마흔이 다 되었지만 일정한 수입이 없고 삶에 대한 계획도 자신감도 찾아볼 수 없다. K국의 많은 청년이 그렇지만, 특히 그리스도인 중에

블라르처럼 직장에 적응하지 못하고 경제적으로 독립하지 못하는 사람들이 많다.

박애치과수련센터 초기에 틸렉이라는 수련의가 있었다. 한 현지인 목회자가 이제 막 신앙을 갖게 된 형제라면서 치과대학생인 그를 소개해주었다. 마침 예수제자단을 통해 현지 청년들을 훈련하기 시작한 터라 그를 성경공부 모임에 초대했다. 틸렉은 꽤 열심히 성경공부를 하고 찬양 인도도 하면서 좋은 리더로 자라갔다.

그가 치과대학을 졸업할 즈음, 나는 그에게 박애치과수련센터에서 수련을 받아보라고 권했다. 당시 수련의 거의 대부분이 불신자였기 때문에 틸렉이 그리스도인으로 좋은 본이 되어주기를 내심 기대했다. 수련의로 선발된 그는 2년 과정을 무사히 마쳤고, 그 후 계약에 따라 3년간 병원 직원으로 일하게 되었다. 수련을 마치고 수련센터에 남아 진료하는 의사들은 월급은 적지만 좋은 전문인으로 성장할 좋은 기회라고 생각하며 남은 사람들이었다. 무엇보다 K국 치과계 발전을 위한 우리 수련센터의 비전을 공유하고 그것에 높은 가치를 두었다. 그들은 전문인으로 자기개발을 하는 한편, 다른 사람을 교육하기 위해 더 많은 시간과 노력을 기울여야 했다.

그런데 근무 2년차가 되었을 때 틸렉은 근무 조건에 불만을 토로하기 시작했다. 여러 번 따로 만나 대화하며 설득했지만, 결국 그는 수입이 좀 더 많은 곳으로 떠났다. 그가 그리스도인으로서 믿지 않는 다른 직원들에게 좋은 본이 되어주길 대했는데, 오히려 일이 이렇게 되어 나와 동료 사역자들은 크게 실망했다.

예수제자단에서는 참 좋은 리더였는데 왜 병원에서는 그렇지 못했을까? 자기 나라의 전문 분야에서 영향력 있는 지도자가 될 수 있는 기회를 눈앞의 편익과 맞바꿀 만큼 가벼운 사람이었나? 기대가 컸던 만큼 그를 직접 양육한 나로서는 안타까움이 더했다. 틸렉의 선택은 내 마음에 제자훈련에 대한 풀리지 않는 숙제로 남았다.

조나단은 미국에서 온 선교사다. 그는 U국에서 사역하다가 그곳에서 현지인 아내를 만나 결혼했다. 사역이 어려워지면서 이들 부부는 K국으로 거주지를 옮겼고, 비즈니스 선교에 관심이 있던 터라 당시에는 새로운 사업이었던 카페를 시작하기로 결정했다. 스타벅스를 벤치마킹한 이 카페에서는 원두커피를 비롯해 브런치와 음료를 제공했고 인터넷을 사용할 수도 있었다. 젊은이들은 테이블에서 커피를 마시며 공부도 하고 업무도 보는, 미국 영화에서나 볼 법한 카페 분위기에 푹 빠졌다. 이전에 없던 트렌디한 카페는 젊은이와 외국인에게 인기가 좋아 사업이 날로 번창했다.

우리도 비즈니스형 카스치과병원을 시작한 지 얼마 되지 않은 때, 하루는 조나단이 치과에 정기검진을 받으러 왔다. 진료 후 잠시 대화를 나누던 중 그는 이렇게 물었다.

"이 병원에는 기독교 신앙이 있는 직원들이 있나요? 그들은 평소 어떻게 일합니까?"

왜 그런 질문을 하냐고 되물으니 그는 고민을 털어놓았다.

카페에는 커피와 음식을 만들고 계산하고 서빙 및 정리하는 일을 할 직원이 많이 필요했다. 조나단은 직원을 채용할 때, 선교 목적으로 운영하는 카페인만큼 이왕이면 대학생 선교단체와 교회 출신의 청년들에게 더 많은 기회를 주고자 했다. 하지만 그렇게 들어온 그리스도인 직원이 믿지 않는 다른 직원보다 훨씬 성실하지 못했다. 게다가 불평 불만도 많았다. 조나단은 이들에게 실망했고 기대하는 마음도 사라져 더 이상 그리스도인을 직원으로 뽑고 싶지 않다고 말했다.

나도 그와 관련해 겪은 일을 얘기했고, 우리 병원에서 직원을 채용할 때는 그리스도인이라고 해서 가산점을 주지는 않는다고 말했다. 다만 공정한 기준에 따라 직업 전문성과 성실함, 팀워크 자질을 고려하여 선발한다고 알려주었다.

"어떻게 하면 우리 사업체나 병원을 선교적으로 만들 수 있을까?"

우리는 이 질문을 숙제로 남기고 대화를 마쳤다.

앞장에서 말한 대로 우리는 예수님의 제자로서 교회나 소그룹 신앙 공동체뿐 아니라 가정과 직장, 지역사회에서도 그리스도인으로 부르심을 따라 살 수 있다. 그곳에서 예수님의 제자로 사는 동시에 다른 사람들을 제자로 삼는 삶을 살아야 한다. 우리가 직업 현장에서 꿈꾸는 이상적인 제자상은 어떤 것일까?

나는 헌신한 후 즉시 제자훈련을 받았고, 10년 이상 대학생들을 대상으로 주로 제자훈련을 하는 사역에 참여했다. 내가 배우고 또한 가르쳤던 제자훈련의 목표는 다음과 같았다. 성경을 잘 알고 가르칠 수 있는 자, 기도를 통해 하나님과 교제하는 자, 개인의 경건생활을 지킬 수 있는 자, 믿지 않는 사람에게 복음을 정확히 제시하고 믿음의 결단으로 인도할 수 있는 자, 교회와 선교단체에서 기쁘게 봉사할 수 있는 자, 다른 믿음의 형제들과 하나되어 사랑과 섬김의 교제를 할 수 있는 자 등이었다. 이것이 교회나 선교단체에서 생각하는 좋은 제자의 자질이었다.

그런데 교회나 선교단체에서는 좋은 제자일지 몰라도, 직장이나 사업 현장에서는 그렇지 않은 사람들을 많이 보았다. 이러한 현실 앞에서 우리는 제자훈련에 대한 기본적인 질문을 다시 하게 된다. 어떤 자질을 갖추어야 일터에서 세상 사람들에게 본이 되고 선한 영향력을 미쳐, 그곳을 하나님 나라의 원칙과 가치로 변화시킬 수 있을까?

더 깊이 생각해보기: 전문 분야에서 이상적인 제자상

예수님의 지상명령인 '제자 삼는' 사역을 올바로 완수하기 위해서는 먼저 어떤 제자를 양성할 것인가에 대한 기준을 분명히 세워야 한다. 이제까지 많은 교회와 복음주의 선교단체에서 강조해온 제자상은 앞서 말한 바와 같이 전도와 교회 내 사역 중심의 좁은 기준에 근거했다. 반면에, 전문 분야에서 성숙한 제자상의 기준은 보다 포괄적이며 총체적일 필요가 있다. 다른 말로 하자면, 이 기준은 교회와 관련된 이른바 '영적' 영역에만 제한되어서는 안 된다. 그보다는 직업과 관련된 일상에서 마주하는 삶과 업무의 모든 영역을 포괄해야 한다.

그렇다면 사업을 포함한 모든 전문 분야에서 제자 삼는 데 필수적인 기준은 무엇일까? 이러한 기준은 '찾아가는' 단계에서 시작해 '세례 주는' 단계와 '가르치는' 단계를 포괄하며 그들의 영적 여정 전체에 적용할 수 있는 것이어야 한다. 30년이 넘게 전문인으로, 그리고 선교사로 맡은 전문 분야에서 지상 명령에 순종하려고 노력할 때 여러 가지 시행착오를 거쳤다. 그 과정을 통해 직장이나 사업 현장 등 일터에서 좋은 제자가 되려면 다음 다섯 가지 자질이 필요하다는 것을 깨달았다.

1. 탁월한 전문성

일터에서 탁월한 전문성을 추구하는 것은 하나님의 청지기로서 받은 직업에 충성하는 마음을 나타낸다(눅 12:42-48). 또한 전문 지식과 경험은 그 분야에서 지도력을 발휘하는 기반이 된다. 자기 전문 분야에 탁월하지 않다면 동료와 고객은 그를 존경하며 따르지 않을 것이다. 따라서 지도력이나 선한 영향력을 발휘할 기회가 적어진다.

2. 성숙한 인격

성숙한 인격은 영적 지도자와 제자된 자에게 모두 중요한 덕목이다(딤전 3:1-13). 경건한 성품은 성령의 역사로 이루어지는 열매다. 다른 사람의 유익을 위한 자기 희생, 자기 훈련, 헌신, 신실함, 관용, 배려, 용서, 긍휼, 감사 등은 지도자로서 필수적으로 갖추어야 할 성숙한 인격의 열매다. 이런 지도자는 비단 그리스도인뿐 아니라 직업 현장에서 만나는 모든 사람들에게 본이 됨으로써 그러한 성품을 장려할 수 있다.

병원 직원 회의 때, 나는 가끔 이런 주제로 이야기를 나눈다. 이런 의도적 노력을 통해 우리가 궁극적으로 제자 삼기 원하는 불신자 동료들은 경건한 성품이 가져오는 파급력에 대해 한번 더 생각해보고 도전을 받는다. 더러는 그런 일을 추구하는 과정에서 자신의 한계를 인식하고, 주님의 도우심과 능력을 찾게 된다면 더욱 좋은 일이 아니겠는가?

3. 재정의 자립성

교회 개척이나 학교와 병원 프로젝트, 혹은 선교 사업을 진행할 때 지속 가능성 self-sustainability이 현대 선교에서 주요 이슈가 되고 있다. '외부의 재정과 인력 지원 없이 현지의 자원만으로 그 사업이 지속될 수 있는가'는 모든 선교사와 선교단체가 심각하게 고려해야 할 부분이다. 이 문제는 현대에 들어와 비로소 제기된 것은 아니다. 이미 19세기 말 루프스 앤더슨과 헨리 벤, 그리고 이후의 존 네비우스가 선교지 교회의 토착화를 위한 '3자 원칙'이라는 선교 원칙을 제시했다. 이 이론에서 그들은 현지인 지도력 개발에서 자치$^{\text{self-governance}}$, 자전$^{\text{self-propaganda}}$과 아울러 재정적 자립$^{\text{self-support}}$의 중요성을 언급했다.

그동안 나는 직업 현장에서 현지인을 지도자로 세우기 위해 노력했다. 그런 경험을 통해 현지 전문인의 지도력 개발에서 재정적 책임감의 중요성을 절감했다. 재정에 대한 태도를 보면 지도자의 잠재력을 알 수 있다. 예수님도 제자들에게 재물에 대한 태도가 중요함을 가르치셨다(눅 16:10-13). 외부의 지원에 의존하지 않고 자기 힘으로 사업이나 프로젝트를 지속하고자 하는 재정적 책임감을 가질 때 비로소 진정한 지도력을 발휘할 기반을 갖게 된다. 그러한 현지인 지도자들을 통해 우리의 모든 선교 사역과 프로젝트는 선교지 상황에 깊이 뿌리 내릴 수 있다. 또한 선교사가 은퇴하거나 철수한 후에도 스스로의 힘으로 지속될 수 있다.

4. 사회적 책임감

사람이 지도력을 발휘할 수 있는 영역은 어디까지일까? 자신이 관심을 가지고 기도하는 만큼이 아닐까 싶다. 내가 우리 치과병원 직원들에게 자주 하는 말이 있다.

"여러분은 작은 입 안에 있는 더 작은 치아를 치료하는 데 대부분의 노력과 시간을 기울이며 보냅니다. 하지만 여러분의 관심은 작은 충치나 자기 자신, 자기 가정에만 머물러서는 안 됩니다. 우리 치과에만 국한되어서도 안됩니다. 우리 치과병원은 크게는 이 나라, 작게는 이 지역 공동체 안에 있습니다. 병원 밖의 세상을 보고 그들의 복지와 건강에 책임감을 가져야 합니다. 그럴 때 진정한 치과 의료인이 될 수 있습니다."

박애치과수련센터에서는 장애인 학교와 기관에 소속된 소외계층을 위해 늘 무료 진료를 하고 있다. 한 달에 두 번 장애아동 시설에서 진행하는 이동 진료에는 비즈니스형 병원인 카르치과와 카스치과의 모든 직원이 교대로 참석한다. 우리 병원에서 일하는 전 직원은 이런 사회봉사를 진료, 교육과 더불어 병원의 핵심 과제 중 하나로 받아들이고 있다. 사회를 품고 봉사하는 실천을 통해 병원의 모든 직원이 지역사회와 이웃을 위한 마음을 품은 지도자로 세워져 가고 있다.

5. 영적 성숙

두말할 필요 없이 영적 성숙은 어느 상황에서든 좋은 제자됨의 중요한 기준이다. 그것은 신앙 기간이나 경험, 성경과 신학에 대한 지식만으로 평가할 수는 없다. 오히려 진정한 의미에서 영적 성숙은 하나님을 알고 사랑하는 것, 예수님과 인격적으로 친밀한 관계를 갖고 닮아가는 것, 균형 있는 성경 지식을 가지며 성경의 가치와 원칙을 자신의 삶과 일에 적용하는 것, 주변 사람들에게 긍휼을 베푸는 것, 복음을 말과 행위로 증거하는 것 등으로 나타난다. 다시 말해, 한 사람의 영적 성숙 정도는 성경의 가르침과 가치를 얼마나 자신의 삶에 적용하고 실천하는가로 가늠해야 한다.

위의 다섯 가지 자질을 마음에 두고 매일의 일과를 통해 병원 직원들이 예수님의 제자로 세워져 가도록 돕고 있다. 제자훈련에 대한 내 마음은 40년 전 대학생 선교단체에서 사역했던 때나 지금이나 다르지 않다. 하지만 어떤 제자가 되도록 양육할 것인가 하는 기준에 대한 이해만큼은 달라지고 그 폭

이 넓어졌다. 이전에는 교회나 선교단체에서 잘 섬길 수 있는 제자상을 염두에 두고 제자훈련을 했다면, 지금은 사회와 직업 현장에서도 예수님을 따르며 그곳을 주님의 가르침으로 변화시킬 수 있는 제자를 양성하는 것이 목표다. 이러한 제자상을 가지고 있기에, 일터의 모든 직원을 대상으로 그들이 아직 신앙을 갖고 있지 않을 때부터 시작해 예수님의 제자로 세워져 가는 길을 안내할 수 있게 되었다.

7

왜 선교지에선 제자훈련이 잘 안 될까?

금요일 저녁은 우리 가정교회의 목자인 아씨야의 집에서 목장 모임이 있는 날이다. 40대 초반의 아씨야는 기독교 신앙을 가진 지 10년이 조금 넘었고, 9년 전에 남편과 사별하고 가사도우미로 일하면서 홀로 사춘기 딸을 키우는 싱글맘이다. 여느 때와 같이 모임 시간이 되자 목원들이 한 명 한 명 지친 몸을 이끌고 그녀의 집 안에 들어선다. 아파트 경비로 일하는 압드, 병원에서 마사지 일을 하는 굴랴, 손주들을 돌보며 딸의 가정을 보살피는 아이굴, 그리고 전직 작가이지만 지금은 건설 노동자로 일하는 베르디 등 하나같이 하루하루를 근근이 살아가고 있다.

고단한 하루를 보낸 목원들을 위해 아씨야는 전통빵인 난과 따뜻한 차와 두세 종류의 샐러드를 정성스럽게 준비한다. 아씨야의 빠듯한 수입을 생각하면 그녀가 식사 준비에 얼마나 많은 사랑과 정성을 기울였는지 짐작하고도 남는다. 목원들은 허름한 단칸방에 차려진 식탁에 빙 둘러앉는다. 이내 서로 차를 권하고 음식을 나누며 일상의 대화로 빠져든다. 대화를 나누는 그들의 얼굴에서 피곤함이 사라지고, 하늘의 위로와 함께 평강과 기쁨이 가득 차오른다. 한 시간 가량 함께 식사를 하며 한 주 동안 있었던 일들을 형식 없이 나눈다.

이날의 주제는 겨울철 전기 부족에 대한 걱정이었다. K국은 높은 지형을 이용한 수력발전으로 전기요금이 저렴한 편이어서 시골이나 도시를 막론하고 겨울에는 보편적으로 전기 난방을 한다. 하지만 지난 몇 해 기후 변화로 강수량이 줄어 저수지마다 바닥을 보이는 상황이라 전력 생산이 감소할 것이라는 뉴스가 있었다. 지방은 벌써 전력 공급을 제한하기 시작했다고 한다. 이곳의 겨울은 영하 10도 이하로 내려가기 때문에 특히 저소득층은 난방비를 걱정할 수밖에 없다. 전기를 대체할 연료는 가스나 석탄뿐인데 서민들에게는 가격 부담이 크다. 목원 한 사람 한 사람의 사정을 듣고 함께 걱정하고 교회 차원에서 그들을 도울 길을 논의하다보면 식사가 거의 끝나간다.

식사 후 아이굴이 골라온 찬양 두세 곡을 같이 부른다. 굴랴가 자기가 좋아하는 찬양을 한 곡 더 부르자고 해서 '하나님처럼 좋은 아버지는 이 세상에서 찾을 수 없네'라는 K국의 전통 가락에 가사를 붙인 찬양을 부른다. 이 찬양은 굴랴가 2년 전 처음 신앙을 갖게 되면서 애창하는 곡이다.

이어서 아씨야는 지난 주일 예배에서 들은 설교 말씀 본문과 자신이 요약한 내용을 조심스럽게 나눈다. 그리고 부족한 점이 있다면 추가해달라고 부탁하며 목원 각자가 이해하고 적용한 내용을 돌아가며 간단히 나눈다. 한 사람이 말씀을 깊이 연구해서 가르치는 시간은 없다. 하지만 목원들은 설교 말씀이 각자의 삶에 어떻게 적용되었는지 들으면서 말씀을 새롭게 깨닫는다.

목장 모임에 참석하기 시작한 지 얼마 안 되는 베르디는 작가답게 이 시간에 많은 이야기를 나눈다. 성경과는 상관 없는 이야기지만 목원들은 귀 기울이면서 적극적으로 관심을 보여준다. 처음에는 엉뚱한 이야기를 많이 했는데, 서너 달 모임에 참석하면서 점차 화제가 신앙의 주제에 가까워지고 있다. 성령이 베르디를 선하게 인도하고 계심에 모두 감사하고 있다.

이어지는 시간에는 한 주 동안 감사했던 일과 기도제목을 차례로 나눈다. 모두가 이 시간을 가장 기다린다. 굴랴는 함께 사는 아들과 며느리가 기독교 신앙을 반대했기 때문에 전에는 비밀리에 목장과 교회를 오갔다. 하지만 몇 달 전 아들에게 자신의 신앙을 말하고 나서는 담대하게 모임에 나오고 있다. 아들 내외와 함께 신앙생활을 하는 것이 늘 굴랴의 기도제목이다. 관절염으로 고생하는 여동생의 쾌유를 위해서도 기도하고 있다.

돌아가면서 기도제목을 나누다 보면 밤 10시가 훌쩍 넘는다. 서로를 위해 중보하는 시간을 가진 후 목자인 아씨야가 목원 한 명 한 명을 위해 단순하지만 간절하게 마무리 기도를 드린다. 아씨야의 기도는 늘 목원들의 마음에 위로와 힘이 된다. 그의 기도에서 진심 어린 목자의 사랑을 느끼기 때문이다. 아씨야는 집으로 돌아가는 목원들의 손에 남은 음식을 한 봉지씩 싸서 들려 보낸다. 목장 모임 후 집으로 돌아갈 때면 코 끝 아리는 차가운 공기마저 상쾌하게 느껴진다.

이러한 가정교회 모델은 내가 처음 선교지에 들어와서 가졌던 제자훈련을 위한 신앙 공동체의 모습과는 사뭇 다르다.

치의예과 2학년 시절, 주님께 헌신하기로 서원한 후 캠퍼스 사역 창립 멤버로 예수전도단[YWAM]의 대학생 사역에 합류했다. 그후 1989년까지 10여 년간 학생 리더를 거쳐 간사와 책임자로 섬기면서 제자훈련 사역을 통해 영적 체질이 형성되었다. 처음에 10명 남짓한 대학생들이 모이던 성경공부 모임은 10년 후(내가 대학 사역을 마칠 무렵) 30개 대학 1천 명에 가까운 일원들이 제자훈련을 받는 단체로 성장했다. 내가 떠난 후에도 캠퍼스 사역은 계속 성장해 100여 개 대학에서 수천 명의 일원이 참여하는 사역으로 계속 자라갔다.

이런 사역을 경험하면서 목회자가 개입하지 않는 평신도 주도의 제자훈련, 긴밀한 교제와 기도를 통한 헌신된 제자 공동체의 가능성을 보았다. 그 사역의 중심에는 소그룹 중심의 체계적인 성경공부가 있었다. 잘 준비된 성경공부를 통해 학생들은 기본적이고 핵심적인 성경 지식을 얻을 수 있었고, 그것을 공동체에 적용하여 영적 성장을 이루었다. 그리고 자신이 배우고 적용한 지식을 다른 사람들에게 전달하고 재생산하는 전략도 대학생들 사이에서 잘 실천되었다. 이러한 성공을 경험했기에 나는 1995년에 도착한 선교지에서도 그러한 일을 기대하며 사역을 시작했다.

선교지에 와서 나는 일반적인 교회 개척보다는 대학생과 청년들을 위한 소그룹 성경공부를 통한 복음 전파를 사역의 전략으로 삼았다. 첫 한 해 동안 현지어를 공부하고 나서 성경공부를 시작하려고 대학생들을 찾아 나섰다. 외국인인 우리 부부에게 호기심을 가지고 함께 교제하려는 이들은 많았지만 막상 성경공부를 하자고 하면 이런저런 핑계를 대며 피하기 일쑤였다. 당시 우리는 그들이 그저 영적인 일에 관심이 적기 때문이라고 생각했다. 우리는 쫓아다니고 그들은 도망다니는 숨바꼭질 같은 시간이 2-3년 흐르고 나서야, 마침내 10여 명이 모이는 제자훈련이 시작되었다. 나는 그 모임을 '예수제자단', 현지어로 '쿠이'라고 불렀다.

얼마 지나지 않아 현지 의과대학과 일반대학 학생들이 점차 합류하며 그 수가 20여 명까지 늘어났다. 나는 한국에서 사용하던 성경공부 교재를 현지어로 번역해 제자훈련을 시작했다. 1-2년 후에는 그들 중에서 리더가 나오고 그들을 통해 재생산이 일어나기를 기대했다. 하지만 몇 년이 지나도 현지 리더들이 나서서 제자들을 재생산하는 모습은 찾아볼 수 없었다. 자신감이 부족해서인가 싶어 격려도 하고 채근도 해 보았지만 성경공부를 인도하는 리더가 도무지 세워지지 않왔다. 다들 모여서 교제하고 배우는 것은 좋아했지만, 리더가 되어 다른 학생들에게 성경을 가르치겠다고 자원하는 사람은 없었다.

제자훈련 사역에 대해 다시 심각하게 고민하지 않을 수 없었다. 몇 년 동안 노력했는데 왜 성경을 가르치는 리더가 세워지지 않을까? 한국의 대학 캠퍼스와 교회에서는 성공했던 제자훈련이 왜 이곳에서는 통하지 않는 걸까? 리더들이 충분히 헌신하지 않았기 때문일까?

예수제자단 사역을 다른 사역자에게 이양하고 몇 해 동안 공백기를 가지면서 현지에 맞는 제자훈련은 어떤 형태가 되어야 할지 고민하는 시간을 가졌다. 그동안 내가 진행한 제자훈련에 잘못된 부분은 무엇일까? 제자훈련의 본질은 무엇일까? K국 문화에 적합한 공동체와 훈련 방법은 무엇일까?

제자훈련의 본질이 성경 지식을 늘리는 데 있지 않는 것은 분명하다. 그보다는 성경에 기록된 하나님을 개인과 공동체가 경험함으로써 더 깊이 알아가는 것이며, 성령의 도우심으로 세상에서 하나님 나라를 섬기는 일꾼들을 세우는 것이어야 한다. 그렇다면 중앙아시아인의 문화에 적합한 공동체는 어떤 모습이 되어야 할까? 그것은 강의실 같은 모습이 아닐 수도 있지 않을까? 그동안 나는 강의실에 둘러앉아 성경과 교재를 펴고 진지하게 필기하는 모습의 제자훈련을 모범답안처럼 생각해오지는 않았는가? 이들의 문화에 맞는 제자 공동체는 어떤 모습일까? 하나님의 사랑과 성경 말씀을 어떤 형식으로 전해야 할까? 강의와 필기, 읽기와 암송만이 성경을 배우는 가장 효과적인 방법일까? K국의 문화에서는 어떤 형식으로 삶에 중요한 지식과 기술을 습득하고 있는가?

질문이 꼬리에 꼬리를 물었고, 그 답을 찾기까지 더 오랜 시간이 필요했다. 그만큼 사역지 중앙아시아의 문화를 이해하기란 쉽지 않았다. 자신에게 익숙한 문화가 더 좋다는 생각을 버리고 관점을 객관화하기 위해 지난한 과정을 거쳐야 했다. 오랜 관찰 끝에 나는 이 문화에 적합한 제자훈련 공동체와 형식에 관한 몇 가지 아이디어를 얻었다.

우선 이곳 사람들은 교실을 싫어한다. 물론 읽고 쓰는 것도 좋아하지 않는다. 심지어 대학생들 가운데도 책을 읽는 학생이 드물고 필기도 잘 하지 않는다. 반면 듣고 기억하고 말하는 것에는 익숙하다. 그래서인지 이곳에서는 필기 시험이 드물다. 보편적으로 교수가 질문하고 학생이 답하는 구술 형식으로 시험을 치른다. 이곳 사람들은 차와 음식을 나누며 대화하기를 좋아한다. 식사 초대를 받으면 한두 시간 안에 마치는 경우가 무척 드물 정도다. 손님을 초청해 밤늦도록 대화하며 식사하고 차를 마시는 것이 이 문화에서 친목을 도모하는 가장 기본적이고 중요한 요소다.

이곳의 문화를 이해하면서 제자훈련에 대한 나의 기존 생각은 현지화되기 시작했다. 덕분에 훈련 공동체에 대한 아이디어도 대폭 수정하게 되었다. 그것이 중앙아시아 상황에서 제자를 양성하기 위한 새로운 형식, 즉 가정교회로 모이게 된 계기다.

더 깊이 생각해보기: 형식과 의미

앞서 말했듯이 한국의 그리스도인들은 제자훈련을 생각할 때 교실 같은 모습을 먼저 떠올리는 경우가 많을 것이다. 그 교실에는 가르치는 선생과 배우려고 온 학생들이 있다. 그리고 효과적인 학습을 위해 특별히 마련된 공간에 책상, 칠판, 교재, 노트, 필기 도구 등이 놓여 있다.

만약 책상 대신 식탁이, 책과 노트 대신 음식이, 강의 대신

자유로운 대화가 있다면 그곳에서 제자훈련이 효과적으로 진행될 수 있을까? 선교지에 오기 전에는 거의 생각할 수 없는 일이었다. 그러나 제자훈련의 관점으로 성경을 보고 예수님의 사역을 묵상하면서 다시 한번 그 가능성을 들여다보게 되었다.

먼저, 예수님이 제자들을 가르치신 환경은 어땠을까? 제자들이 예수님을 믿게 된 첫 번째 계기는 가나의 혼인 잔치에서 일어난 이적이었다. 중앙아시아에서도 결혼식은 식사와 함께 진행된다. 많은 하객이 북적이고 음식이 끊임없이 나오고 노래와 춤판이 벌어진다. 학습에 집중하기 힘든 환경이다. 그런 곳에서 예수님은 물로 포도주를 만들어 제자들에게 자신이 그리스도임을 가르치고 믿게 하셨다.

예수님이 돌아가시기 전 마지막 가르침은 유대교의 전통에 따른 유월절 만찬 자리에서 이루어졌다. 예수님은 그 자리에서 음식을 나누고 포도주를 함께 마셨으며 제자들의 더러운 발을 씻기셨다. 그렇게 마지막 가르침을 말이 아닌 행동으로 보여주셨다. 그리고 "내가 너희에게 행한 것같이 너희도 행하[라]"요 13:15고 말씀하셨다.

예수님이 승천하시기 전에 제자들을 찾아가 그들의 소명

을 회복시켜주신 일도 갈릴리 호숫가에서 친히 구운 생선을 먹이시면서 일어난 일이었다. 예수님의 중요한 가르침은 신학교 교실이나 회당 같은 곳에서 주입식 강의로 제공되지 않았다. 오히려 식탁에서 이루어진 경우가 많았다.

이런 깨달음을 계기로 나는 제자훈련에 대한 시각을 완전히 바꾸게 되었다. 그것은 일종의 패러다임 시프트, 즉 발상 전환이었다. 마태복음 28장 마지막에 기록된 이른바 지상명령의 핵심 '의미'는 모든 민족을 제자로 삼는 데 있다. 그러나 이 명령을 따라 순종하여 제자를 삼는 공동체의 '모습'은 모든 민족에게 똑같이 적용되어야 하는 것은 아니다. 오히려 각 민족이 처한 문화와 환경에 따라 달라져야 한다. 선교사의 모국에서 사람들을 제자로 삼기에 효과적이었던 신앙 공동체의 모습이 선교지에서도 반드시 통하라는 법이 없다.

극단적인 예로, 아프리카 지역으로 파송된 한 교단 선교사가 성찬 때 알코올을 피하기 위해 미국에서 가져온 웰치스 포도주스를 사용했다. 그 후로 그에게 훈련받은 현지인 목사들은 성찬 때마다 이 상표의 포도주스를 고집하며 굳이 미국에서 수입까지 했다고 한다. 먹고 마실 때마다 예수님을 기억하는 것이 성찬의 의미다. 그런데 그 선교사는 이러한 '의미'

를 담는 형식을 현지 문화에서 찾기보다 자기에게 익숙한 특정 형식을 전수하는 오류를 범하고 말았다. 결과적으로 특정 상표의 포도주스만이 성찬에 쓰기에 가장 영적이고 적합하다는 잘못된 메시지를 현지인들에게 무의식 중에 심어주게 된 것이다.

나는 중앙아시아에 살면서 이곳 사람들이 식사 때마다 즐기는 빵인 난과 홍차의 일종인 차이를 성찬에 사용할 것을 제안한 적이 있다. 덕분에 현지인들은 빵과 포도주라는 획일화된 형식에서 벗어나 성찬의 본질적인 의미에 더욱 집중할 수 있었다.

선교의 궁극적인 목적은 무엇일까? 그것은 모든 민족 가운데 헌신된 그리스도의 제자들을 일으키는 것이다. 그렇다면 이 제자들은 어디에서 태어나고 양육될까? 교회를 포함한 신앙 공동체가 바로 그곳일 것이다. 각 민족을 위한 (교회를 포함한) 신앙 공동체가 그 민족을 제자로 삼으라는 지상 과업을 담아내는 형식이라고 본다. 그러면 각기 다른 민족과 그들이 속한 문화에 공통적으로 적용할 수 있는 단 하나의 이상적인 신앙 공동체의 모습이 있을까? 선교사가 모국에서 경험한 신앙 공동체의 모습이 선교지에서도 이상적인 모습이 될 수 있을까? 이것은 선교 역사에서 많은 시행착오를 거치면서 제기된 문화인류학적 질문들이다.

1990년 초 미국에서 선교학을 공부할 때, 문화인류학 시간에 배운 '형식과 의미'Form and Meaning 이론이 있다. 성경에서 가르치는 복음의 핵심 '의미'는 문화에 따라 변화되어서는 안 되지만, 그 의미를 담아내는 '형식'은 문화에 따라 적합한 모습으로 달라져야 한다는 것이다. 한 의미를 담아내는 형식이 현지 문화에 적합하지 않으면 의미가 제대로 전달되지 않거나 심지어 왜곡될 수도 있다는 이론이다.

풀러선교대학원의 문화인류학 교수였던 찰스 크래프트는 '기독교 증거를 위한 문화인류학'이라는 강의안에서 "선교사가 타문화에서 복음의 의미를 올바로 전달하기 위해 어떤 형식을 선택할 것인가?"라고 물으며 문화적 분별력을 가져야 한다고 주장한다. 선교사가 나고 자란 문화에서는 잘 작용했던 형식이 선교지에서는 전혀 다른 의미로 받아들여질 수 있다는 점을 유념해야 한다고 강조한다. 크래프트 교수는 다른 문화로 들어가 하나님을 섬겨야 하는 선교사들이 다음 몇 가지 원칙을 잘 이해해야 한다고 말한다.

첫째, 복음의 내용을 포함한 모든 의미는 문화 형식을 통해 한 사람에게서 다른 사람으로 전달될 때, 수용인 또는 수용집단의 해석을 거친다는 점을 이해해야 한다.

내가 출석하는 K국 교회에서는 공용어 러시아어가 아닌 K민족의 언어를 사용한다(K국은 다민족 국가다). 성경도 민족 언어로 번역된 것을 사용하며 민족 전통 운율의 찬양을 주로 부른다. 이는 아마도 K민족이 복음을 받아들이는 것을 막고 있는 한 장벽을 허물기 위한 노력이 아닐까 생각된다. K민족은 전통적으로 무슬림 배경을 가지고 있을 뿐 아니라 '기독교는 러시아인의 종교'라는 생각이 뿌리깊다. 이런 고정관념을 깨지 않는 한 K민족이 기독교를 받아들이는 것은 곧 자기 민족성을 부인하는 것으로 비칠 수 있다. 이런 상황에서 K민족의 언어로 예배드리고 찬양과 기도를 하며 성경 말씀과 설교를 듣는다면, 기독교가 K민족을 위한 신앙이기도 하다는 사실을 자연스럽게 받아들이는 데 도움이 될 것이다.

둘째, 같은 문화 형식도 환경이 달라지면 다른 의미를 가질 수 있다는 점을 이해해야 한다.

한국말로 '개같이'라는 부사어 뒤에는 좋은 말이 따라올 수 없다. 최근 한국의 젊은이들 사이에서는 "개멋져", "개웃겨" 식으로 강조의 의미로 '개'가 접두어처럼 쓰이기는 한다. 그런데 실제로 K국의 한 지방에서는 "개같이 맛있다", "개같이 좋다"라는 말이 흔히 사용되고 있다. 이 경우에서 보듯이 한 단어를 문자적으로 정확히 해석한다고 해서 반드시 정확한 의미로 전달되는 것은 아니다.

한 문화권에서 통용되는 특정한 문화 형식이 다른 문화권으로 전달될 때, 그 의미가 어느 정도 변할 수 있다는 점도 고려해야 한다. 보통 선교사들은 본국의 교회에서 효과적이고 은혜로웠던 사역 방식을 선교지에서 쓰면 같은 결과를 얻을 것이라고 생각하며 섣불리 사역을 시작하기 쉽다. 그래서 주일예배 형식과 시간을 정하고 수요예배와 새벽기도회, 철야기도회 등을 별 고민 없이 선교지에서도 강행한다. 그러고 나서 현지의 새신자들이 잘 따라오지 못하거나 불평을 하면 믿음이 부족하기 때문이라고 쉽게 판단한다.

한 예로 새벽기도회는 한국 개신교 선교 초기 서양 선교사들의 입장에서는 그들의 본국에서는 보지 못했던 현지만의 독특한 신앙 형식이었다. 당시 조선 땅에서 새벽마다 정한수를 떠놓고 천지신명에게 빌었던 전통 신앙 형식에 담겼던 의미, 즉 신앙적 간절함과 겸비함을 선교사들이 존중하여 교회 안에 받아들인 것이다. 여기에 기독교적 의미를 부여함으로써 새벽기도회는 지극히 상징적인 한국 교회만의 신앙 형식이 될 수 있었다.

하지만 새벽기도라는 형식을 성경적으로 반드시 지켜야 하는 것은 아니다. 따라서 현지 신자들에게 새벽기도를 강요하기보다는 신앙적인 갈급함과 겸비함을 담아낼 수 있는 다른 기도 형식을 고려할 필요가 있다. 현지의 문화를 잘 관찰하고, 그런 형식을 현지인이 찾아낼 수 있도록 격려하는 것이 선교사의 올바른 태도일 것이다.

선교사가 자기에게 익숙한 종교 형식만 강요한다면, 현지인들은 따르면서도 거기에 전혀 다른 의미를 부여할 위험이 있다. 새벽기도회를 강요할 경우, 이를 이질적으로 느끼면서도 따를 수는 있다. 그러나 기독교는 새벽잠을 극복하는 금욕을 통해 그 대가로 축복을 받는 종교이며, 그 점에서는 해마다 한 달씩 금식하며 하루 다섯 번 기도하는 이슬람과 별 차이가 없다고 생각할지도 모른다. 복음 증거와 제자양육에 아무리 좋은 방식이라 하더라도 선교지에서 적용할 때 전혀 다른 의미로 해석될 수 있음을 유념하면서 부단히 상황화하는 노력이 필요하다.

셋째, 같은 의미를 전달하더라도 문화가 다르면 상당히 다른 형식을 취할 수 있다는 점을 이해해야 한다.

성경번역 선교사들은 선교지 문화에 없는 성경적 개념을 전달하기 위해 연구를 많이 한다. 한 가지 예를 들자면, 파푸아뉴기니의 한 부족에게는 '용서'라는 단어가 없다고 한다. 선교사는 부족 원주민들에게 원수지간인 두 사람이 화해하기로 결정하면 용서의 표시로 어떤 말이나 행동을 하는지 물어보았다. 원주민들은 그럴 경우 서로 앞에서 침을 뱉는다고 대답했다. 이 말을 들은 선교사는 고민 끝에, 하나님이 우리를 용서하셨다는 말씀을 "하나님이 우리 앞에서 땅에 침을 뱉으셨다"라고 번역했다고 한다. 우리가 전하는 복음의 메시지가 성경적 의미를 놓친 채 그저 문자 전달에만 그친다면, 그것은 울리는 꽹과리에 지나지 않을 것이다.

넷째, 한 문화에서 다른 문화로 복음과 신앙 메시지를 전할 때 그 메시지의 의미를 전달할 수 있는 적절한 문화 형식을 선택하여 사용해야 한다. 그렇지 않으면 알지 못하는 중에 잘못된 의미를 전달하거나 비효과적인 결과를 얻을 수 있다. 예배나 제자훈련, 찬양이나 기도, 신앙 공동체의 모습 등 어떤 종교 형식이라도 본국의 교회에서 익숙한 모습을 그대로 가져다가 사용하기 전에 해야 할 일이 있다. 그 형식이 선교지 문화에서 어떤 의미를 담고 있는지 주의 깊게 확인하는 것이다. 그런 다음 보다 정확한 의미를 담을 수 있는 적절한 형식을 찾아 적용하고자 노력해야 한다.

교회에서 서양 복음성가나 찬송가만 번역해서 사용한다면, 현지인들은 하나님이 서양 찬송만 기뻐하시고 그들의 전통 음악은 싫어하신다고 오해할지도 모른다. 이것은 신앙 공동체의 모습, 예배 형식, 기도 방식, 사랑의 표현 방식 등 모든 분야에서 동일하게 적용해야 하는 원칙이다.

또한 K민족의 여자들은 인사할 때 서로 친밀함의 표시로 입을 맞춘다. 만일 선교사가 전염병 감염을 두려워해 입맞춤을 거부한다면 이들이 거절감을 느끼지 않겠는가?

결론적으로, 초신자들에게 가장 적합하면서도 효과적으로 복음의 의미를 배우고 예수님의 제자로 성장해나갈 수 있는 신앙 공동체의 모습은 어떠해야 할까?

크래프트 교수는 복음을 전할 때 듣는 자들의 문화에 적합한 형식을 사용하여 성경적이며 기독교적인 의미를 최대한 지켜갈 때, 비로소 기독교가 성경적으로 전달될 수 있다고 말한다. 이와 반대로 사역자가 자기에게 익숙한 형식을 임의로 가져오고, 여기에 초신자들이 나름대로 자신에게 익숙한 의미를 부여하면, 종교 혼합주의로 흘러 비성경적인 기독교가 된다는 것이다. 문화적으로 적합한 신앙 공동체는 초신자의 신앙 성장에 중요한 환경을 제공한다. 그것은 선교지뿐 아니라 한국에서도 동일하게 적용되는 원칙이다.

나 역시 선교지에 들어간 초창기에 문화적으로 깊은 성찰 없이 내게 익숙한 한국식 제자훈련 방식을 그대로 도입하면서 여러 시행착오를 겪었다. 그때의 뼈아픈 경험을 통해 배운 점이 있다. 이 민족에게 적합한 신앙 공동체의 모습을 꼭 찾아 제자훈련에 적용해야 한다는 것이었다. 그것은 내가 경험하지 못한 영역에 속했다. 내게는 생소하지만 그들의 문화에는 적합한 공동체의 모습은 바로 '가정교회'였다. 나는 이 공동체를 통해 제자훈련 사역을 지속하고 있고, 주님이 허락하신 열매를 보고 있다.

지금 영적으로 방황하는 한국 교회 청년들을 생각하면서

같은 질문을 던져본다. 1980년대 초 대학생들 사이에 영적으로 큰 부흥이 일어났다. 하지만 오늘날 한국의 대학생과 청년들은 이질감을 느끼며 교회를 떠나가고 있다. 그 이유가 무엇일까? 혹시 교회가 그들의 문화와 너무 동떨어져 있기 때문이 아닐까? 지금 교회와 신앙 공동체는 기성세대에 익숙한 문화적 형태에만 매몰되어 있는 것은 아닐까?

그렇다면 급변하는 한국 사회에서 청년들과 초신자들이 거부감이나 이질감을 느끼지 않으면서 복음을 경험하고 그리스도의 제자로 자라갈 수 있는 공동체는 어떤 모습이어야 할까? 이 시대에 진실함으로 복음을 전하고자 한다면 끊임없이 고민하고 겸손히 주님의 지혜를 구하며 성령의 음성에 귀 기울여야 할 것이다.

나오는 글
엠마오로 가는 길

누가는 '엠마오로 가는 두 제자' 이야기를 누가복음 마지막 장에 기록했다. 이 이야기는 다른 복음서에는 등장하지 않는다. 누가는 이 이야기를 통해 초대 교회 그리스도인들에게 자신이 생각하는 제자도, 죽으시고 부활하신 예수님의 참된 제자가 되어 따르는 것의 의미를 전달하고자 한 듯하다.

예수님이 이스라엘을 구원할 선지자라고 믿고 따르던 두 제자, 그들은 예수님이 허망하게 십자가에서 돌아가시자 삶의 목적을 잃고 고향으로 돌아가고 있었다. 예루살렘에서 도보로 약 한 시간 반 정도 떨어진(6킬로미터) 거리의 엠마오는 귀향길 중간에 거쳐야 했던 마을이다. 이전의 일상으로 돌아가는 길이다. 아마도 갈피를 잡지 못해 허탈한 심정으로 그 길을 가고 있었을 것이다. 놀랍게도 예수님이 그 길에 동행해주셨다. 그러자 상실감으로 가득 찼던 그들의 여정은 진리를 향한 놀라운 영적 여정으로 바뀌었다.

두 제자는 예수님을 알아보지 못했지만, 예수님은 그들과 동행하며 성경을 알아들을 수 있도록 자세히 풀어 설명해주셨다. 엠마오에 도착했을 즈음, 그들의 마음은 이미 예수님을 향해 열려 있었다. 어둠이 내리자 그들은 예수님께 저녁식사를 함께 하자고 청했다. 주님이 식사 자리에서 떡을 떼어주실 때 마침내 영적 눈이 뜨여 그들은 그분이 그리스도임을 알아보았다. 그들은 부활하신 예수님을 만난 후, 가던 길을 돌이켜 예루살렘으로 향해 가며 이렇게 고백했다.

"길에서 우리에게 말씀하시고 우리에게 성경을 풀어주실 때에 우리 속에서 마음이 뜨겁지 아니하더냐"(눅 24:32).

예수님은 우리의 영적 여정에도 지금까지 여러 모양으로 동행해주셨다. 그로 인해 우리는 예수님이 그리스도시며 살아 계신 하나님의 아들이라는 진리에 눈이 열려 마침내 그분을 믿게 되었다. 하나님이 우리 인생의 여정 가운데 여러 만남을 통해 주신 은혜를 돌아보며 새삼 감사한다.

우리는 일상에서 믿는 자든 믿지 않는 자든 하나님이 만나게 하신 사람들과 사업, 일, 사회 활동, 우정 등의 여러 모양으로 관계를 맺으며 그들과 연결된 삶을 살아간다. 우리가 그들과 나누는 일상은 갈등과 용서, 상처와 위로, 원망과 감사, 경쟁과 관용으로 들어차 있다. 그 모든 순간에 우리는 방관자가 될 수도 혹은 영적 여정의 동반자가 될 수도 있다. 예수님이 엠마오로 가는 두 제자에게 하셨던 것처럼, 우리는 그들에게 다가가 하나님의 말씀(그분의 사랑과 공의, 은혜와 진리)을 우리 일상의 삶으로 '자세히' 풀어 설명해야 한다. 우리의 기도와 인내와 섬김을 통해 그들의 평범했던 일상은 하나님 나라를 향한 영적 여정으로 변화될 것이다. 언젠가 주님의 때에 성령의 도우심으로 그들의 눈이 열리고 주님을 인격적으로 만나게 될 것이다. 그리고 그들의 삶을 예루살렘, 곧 하나님의 나라로 돌이키게 될 것이다.

이 책을 쓰면서 30여 년간 전문인 선교사로 살며 경험한 여러 만남과 사건을 통해 지나온 영적 여정을 돌아보았다. 주님이 동행해주셨기에 그 길은 엠마오로 가는 여정이 될 수 있었다. 그동안 만난 사람들과 사건들은 예수님을 더욱 닮아가고 따라가는 길의 이정표가 되었다. 그 길은 예수님의 참된 제자가 되어가는 길이었다. 그 여정에는 주님이 허락하신 현지인들과의 귀한 만남이 있었고, 그들의 영적 여정에 길동무가 되는 특권도 누릴 수 있었다. 그들 중 대부분은 아직 엠마오에 이르지 못했다. 과연 어느 때 그들이 영적 눈이 뜨여 주님을 알아보고 영접하게 될는지 모른다. 하지만 나는 여전히 그들의 길동무가 되어 함께 일상을 걸어갈 것이다.

그 일상을 통해 하나님의 말씀을 그들이 이해할 수 있는 방식으로 풀어 설명할 수 있게 되길 소망한다. 그들의 마음이 그리스도에 대해 뜨거워져 언젠가 엠마오에 이르러 주님을 만나는 날이 속히 오길 간절히 바란다. 그런 다음 그들이 지금까지 가던 길을 돌이켜 새 예루살렘, 하나님의 나라로 향해 가길 기대한다. 그날을 바라보며 오늘도 나의 일상에 열어 주신 엠마오의 길, 제자의 길을 걷는다.